Luther | Die 95 Thesen

W0058677

Martin Luther
Die 95 Thesen

Lateinisch / Deutsch

Mit Quellen zum Ablassstreit
herausgegeben von Johannes Schilling

Reclam

RECLAMS UNIVERSAL-BIBLIOTHEK Nr. 19329
Alle Rechte vorbehalten
© 2016 Philipp Reclam jun. GmbH & Co. KG, Stuttgart
Gestaltung: Cornelia Feyll, Friedrich Forssman
Gesamtherstellung: Reclam, Ditzingen. Printed in Germany 2016
RECLAM, UNIVERSAL-BIBLIOTHEK und
RECLAMS UNIVERSAL-BIBLIOTHEK sind eingetragene Marken
der Philipp Reclam jun. GmbH & Co. KG, Stuttgart
ISBN 978-3-15-019329-7
www.reclam.de

Inhalt

MARTIN LUTHER

Disputationsthesen zur Klärung der Kraft
der Ablässe (»95 Thesen«)

Brief an Erzbischof Albrecht von Mainz

Sermon von Ablass und Gnade

Disputatio pro declaratione virtutis indulgentiarum

1517

Amore et studio elucidande veritatis: hec subscripta disputabuntur Wittenberge. Presidente Reverendo Patre Martino Lutther: Artium et Sanctae Theologie Magistro: eiusdemque ibidem lectore Ordinario. Quare petit: ut qui non possunt verbis presentes nobiscum disceptare: agant id literis absentes. In nomine domini nostri Hiesu Christi. Amen.

1 Dominus et magister noster Iesus Christus dicendo. Penitentiam agite. etc.[1] omnem vitam fidelium penitentiam esse voluit.

2 Quod verbum de penitentia sacramentali (id est confessionis et satisfactionis que sacerdotum ministerio celebratur) non potest intelligi.

3 Non tamen solam intendit interiorem: immo interior nulla est[2]. nisi foris operetur varias carnis mortificationes.

4 Manet itaque pena donec manet odium sui (id est penitentia vera intus) scilicet usque ad introitum regni celorum.

---

1 Mt 4,17.
2 Petrus Lombardus, *Sententiarum* liber 4 distinctio 14 caput 1:
»[...] Poenitentia dicitur et sacramentum, et virtus mentis. Est enim Poenitentia interior, et est exterior: Exterior, sacramentum; interior, virtus mentis est; et utraque causa salutis est et justi[fi]cationis« (PL 192, 869).

Disputationsthesen zur Klärung der Kraft der Ablässe (»95 Thesen«)

Aus Liebe zur Wahrheit und im Verlangen, sie zu erhellen, sollen die folgenden Thesen in Wittenberg disputiert werden unter dem Vorsitz des ehrwürdigen Pater Martin Luther, Magister der freien Künste und der heiligen Theologie, dort auch ordentlicher Professor der Theologie. Daher bittet er jene, die nicht anwesend sein können, um mit uns mündlich zu debattieren, dies in Abwesenheit schriftlich zu tun. Im Namen unseres Herrn Jesus Christus. Amen.

1. Als unser Herr und Meister Jesus Christus sagte: »Tut Buße, denn das Himmelreich ist nahe herbeigekommen«, wollte er, dass das ganze Leben der Gläubigen Buße sei.

2. Dieses Wort darf nicht auf die sakramentale Buße gedeutet werden, d. h. auf die Buße der Beichte und Genugtuung, die unter Amt und Dienst der Priester vollzogen wird.

3. Gleichwohl zielt dieses Wort nicht nur auf eine innere Buße; ja, eine innere Buße ist keine, wenn sie nicht äußerlich vielfältige Marter des Fleisches schafft.

4. Daher bleibt Pein, solange Selbstverachtung, das ist wahre innere Buße, bleibt, nämlich bis zum Eintritt in das Himmelreich.

5 Papa non vult nec potest ullas penas remittere. preter eas: quas arbitrio vel suo vel canonum imposuit.

6 Papa non potest remittere ullam culpam nisi declarando et approbando remissam a deo. Aut certe remittendo casus reservatos sibi: quibus contemptis culpa prorsus remaneret.

7 Nulli prorsus remittit deus culpam: quin simul eum subiiciat: humiliatum in omnibus: sacerdoti suo vicario.

8 Canones penitentiales solum viventibus sunt imposti. nihilque morituris secundum eosdem debet imponi.

9 Inde bene nobis facit spiritussanctus in papa. excipiendo in suis decretis semper articulum mortis et necessitatis.

10 Indocte et male faciunt sacerdotes ii: qui morituris penitentias canonicas in purgatorium reservant.

11 Zizania[3] illa de mutanda pena Canonica in penam purgatorii. videntur certe dormientibus episcopis seminata.

12 Olim pene canonice non post: sed ante absolutionem imponebantur: tanquam tentamenta vere contritionis.

13 Morituri: per mortem omnia solvunt. et legibus canonum mortui iam sunt habentes iure earum relaxationem.

14 Imperfecta sanitas seu charitas morituri: necessario secum fert magnum timorem, tantoque maiorem: quanto minor fuerit ipsa.

---

3 Mt 13,25.

5. Der Papst will und kann nicht irgendwelche Strafen erlassen, außer denen, die er nach dem eigenen oder nach dem Urteil von Kirchenrechtssätzen auferlegt hat.

6. Der Papst kann nicht irgendeine Schuld erlassen; er kann nur erklären und bestätigen, sie sei von Gott erlassen. Und gewiss kann er ihm selbst vorbehaltene Fälle erlassen; sollte man diese verachten, würde eine Schuld geradezu bestehen bleiben.

7. Überhaupt niemandem vergibt Gott die Schuld, ohne dass er ihn nicht zugleich – in allem erniedrigt – dem Priester, seinem Vertreter, unterwirft.

8. Die kirchenrechtlichen Bußsatzungen sind allein den Lebenden auferlegt; nach denselben darf Sterbenden nichts auferlegt werden.

9. Daher erweist uns der Heilige Geist eine Wohltat durch den Papst, indem dieser in seinen Dekreten Tod- und Notsituationen immer ausnimmt.

10. Dumm und übel handeln diejenigen Priester, die Sterbenden kirchenrechtliche Bußstrafen für das Fegfeuer vorbehalten.

11. Jenes Unkraut von kirchlicher Bußstrafe, die in Fegfeuerstrafe umgewandelt werden muss, ist offenbar gerade, als die Bischöfe schliefen, ausgesät worden.

12. Einst wurden kirchliche Bußstrafen nicht nach, sondern vor der Lossprechung auferlegt, gleichsam als Proben echter Reue.

13. Sterbende lösen mit dem Tod alles ein; indem sie den Gesetzen des Kirchenrechts gestorben sind, sind sie schon deren Rechtsanspruch enthoben.

14. Die unvollkommene [geistliche] Gesundheit oder Liebe des Sterbenden bringt notwendig große Furcht mit sich; diese ist umso größer, je geringer jene ist.

15 Hic timor et horror satis est. se solo (ut alia[4] taceam) facere penam purgatorii: cum sit proximus desperationis horrori.

16 Videntur infernus: purgatorium: celum differre: sicut desperatio: prope desperatio. securitas differunt.

17 Necessarium videtur animabus in purgatorio: sicut minui horrorem. ita augeri charitatem.

18 Nec probatum videtur ullis: aut rationibus aut scripturis. quod sint extra statum meriti seu augende[5] charitatis.

19 Nec hoc probatum esse videtur: quod sint de sua beatitudine certe et secure saltem omnes. licet nos certissimi simus.

20 Igitur papa per remissionem plenariam omnium penarum. non simpliciter omnium. intelligit: sed a seipso tantummodo impositarum.

21 Errant itaque indulgentiarum predicatores. ii: qui dicunt per pape indulgentias: hominem ab omni pena solvi et salvari.

22 Quin nullam remittit animabus in purgatorio: quam in hac vita debuissent secundum Canones solvere.

23 Si remissio ulla omnium omnino penarum: potest alicui dari. certum est eam non nisi perfectissimis. idest paucissimis dari.

4 alea Originaldruck.
5 agende Originaldruck.

15. Diese Furcht und dieses Erschrecken sind für sich allein hinreichend – ich will von anderem schweigen –, um Fegfeuerpein zu verursachen, da sie dem Schrecken der Verzweiflung äußerst nahe sind.

16 Hölle, Fegfeuer, Himmel scheinen sich so zu unterscheiden wie Verzweiflung, Fast-Verzweiflung, Gewissheit.

17. Es scheint notwendig, dass es für Seelen im Fegfeuer ebenso ein Abnehmen des Schreckens wie auch ein Zunehmen der Liebe gibt.

18. Und es scheint weder durch Gründe der Vernunft noch der Heiligen Schrift erwiesen zu sein, dass Seelen im Fegfeuer außerhalb eines Status von Verdienst oder Liebeswachstum sind.

19. Und auch dies scheint nicht erwiesen zu sein, dass sie wenigstens alle ihrer Seligkeit sicher und gewiss sind, mögen schon wir davon völlig überzeugt sein.

20. Deshalb meint der Papst mit »vollkommener Erlass aller Strafen« nicht einfach »aller«, sondern nur derjenigen, die er selbst auferlegt hat.

21. Es irren daher diejenigen Ablassprediger, die da sagen, dass ein Mensch durch Ablässe des Papstes von jeder Strafe gelöst und errettet wird.

22. Ja, der Papst erlässt den Seelen im Fegfeuer keine einzige Strafe, die sie nach den kirchenrechtlichen Bestimmungen in diesem Leben hätten abtragen müssen.

23. Wenn überhaupt irgendein Erlass aller Strafen jemandem gewährt werden kann, dann ist gewiss, dass er nur den Vollkommensten, d. h. den Allerwenigsten gewährt werden kann.

24 Falli ob id necesse est maiorem partem populi: per indifferentem illam et magnificam pene solute promissionem.

25 Qualem potestatem habet papa in purgatorium generaliter: talem habet quilibet Episcopus et Curatus in sua diocesi et parochia specialiter.

1 [26] Optime facit papa: quod non potestate clavis (quam nullam habet) sed per modum suffragii dat animabus remissionem.[6]

2 [27] Hominem predicant. qui statim ut iactus nummus in cistam tinnierit: evolare dicunt animam.[7]

3 [28] Certum est. nummo in cistam tinniente: augeri questum et avariciam posse. suffragium autem ecclesie: in arbitrio dei solius est.

4 [29] Quis scit. si omnes anime in purgatorio velint redimi. sicut de sanctis Severino et Paschali factum narratur.[8]

5 [30] Nullus est securus de veritate sue contritionis. multominus de consecutione plenarie remissionis.

---

6 remissiouem Originaldruck. – In der Bulle *Salvator noster* gewährte Papst Sixtus IV. am 3. Oktober 1476 erstmals einen vollkommenen Ablass »per modum suffragii« für Verstorbene (DH 1398).

7 Vielleicht wurde diese These durch die Ablasspredigten Johann Tetzels provoziert; vgl. Luthers Brief an Kardinal Albrecht vom 31. Oktober 1517 (WA Br 1, 111, 20 f., s. hier S. 32) und seine spätere Schilderung in der Schrift *Wider Hans Worst* (1541; WA 51, 538,29–542,12/27; s. hier S. 86). – Die deutsche Übersetzung nach Luthers *Resolutiones*, WA 1, 584.

8 Vgl. Johannes von Paltz, *Supplementum Coelifodinae*, hrsg. von Berndt Hamm, Berlin / New York 1983 (Spätmittelalter und Reformation 3), 71 und Anm. 14.

24. Unausweichlich wird deshalb der größte Teil des Volkes betrogen durch jene unterschiedslose und großspurige Zusage erlassener Strafe.

25. Die Vollmacht, die der Papst über das Fegfeuer im Allgemeinen hat, hat jeder Bischof und jeder Pfarrer in seiner Diözese und in seiner Pfarrei im Besonderen.

26. Der Papst tut sehr wohl daran, dass er den Seelen nicht nach der Schlüsselgewalt, die er so gar nicht hat, sondern in Gestalt der Fürbitte Erlass gewährt.

27. Lug und Trug predigen diejenigen, die sagen, die Seele erhebe sich aus dem Fegfeuer, sobald die Münze klingelnd in den Kasten fällt.

28. Das ist gewiss: Fällt die Münze klingelnd in den Kasten, können Gewinn und Habgier zunehmen. Die Fürbitte der Kirche aber liegt allein in Gottes Ermessen.

29. Wer weiß denn, ob alle Seelen im Fegfeuer losgekauft werden wollen, wie es nach der Erzählung bei den Heiligen Severin und Paschalis passiert sein soll.

30. Keiner hat Gewissheit über die Wahrhaftigkeit seiner Reue, noch viel weniger über das Gewinnen vollkommenen Straferlasses.

6 [31] Quam rarus est vere penitens: tam rarus est vere indulgentias redimens. idest rarissimus.

7 [32] Damnabuntur ineternum cum suis magistris: qui per literas veniarum securos sese credunt de sua salute.

8 [33] Cavendi sunt nimis: qui dicunt venias illas Pape: donum esse illud dei inestimabile: quo reconciliatur homo deo.

9 [34] Gratie enim ille veniales: tantum respiciunt penas satisfactionis sacramentalis ab homine constitutas.

10 [35] Non christiana predicant: qui docent. quod redempturis[9] animas vel confessionalia: non sit necessaria contritio.

11 [36] Quilibet christianus vere compunctus: habet remissionem plenariam: a pena et culpa. etiam sine literis veniarum sibi debitam[10].

12 [37] Quilibet verus christianus: sive vivus sive mortuus: habet participationem omnium bonorum Christi et Ecclesie. etiam sine literis veniarum a deo sibi datam.

13 [38] Remissio tamen et participatio Pape: nullo modo est contemnenda. quia (ut dixi[11]) est declaratio remissionis divine.

14 [39] Difficilimum est: etiam doctissimis Theologis simul extollere veniarum largitatem: et contritionis veritatem coram populo.

15 [40] Contritionis veritas penas querit et amat. Veniarum autem largitas relaxat: et odisse facit saltem occasione.

9 redemptoris Originaldruck.
10 deditam Originaldruck.
11 Vgl. These 6.

31. So selten einer wahrhaftig Buße tut, so selten erwirbt einer wahrhaftig Ablässe, das heißt: äußerst selten.

32. In Ewigkeit werden mit ihren Lehrern jene verdammt werden, die glauben, sich durch Ablassbriefe ihres Heils versichert zu haben.

33. Ganz besonders in Acht nehmen muss man sich vor denen, die sagen, jene Ablässe des Papstes seien jenes unschätzbare Geschenk Gottes, durch das der Mensch mit Gott versöhnt werde.

34. Denn jene Ablassgnaden betreffen nur die Strafen der sakramentalen Satisfaktion, die von Menschen festgesetzt worden sind.

35. Unchristliches predigen diejenigen, die lehren, dass bei denen, die Seelen loskaufen oder Beichtbriefe erwerben wollen, keine Reue erforderlich sei.

36. Jeder wahrhaft reumütige Christ erlangt vollkommenen Erlass von Strafe und Schuld, der ihm auch ohne Ablassbriefe zukommt.

37. Jeder wahre Christ, lebend oder tot, hat, ihm von Gott geschenkt, teil an allen Gütern Christi und der Kirche, auch ohne Ablassbriefe.

38. Was aber der Papst erlässt und woran er Anteil gibt, ist keineswegs zu verachten, weil es – wie ich schon sagte – die Kundgabe der göttlichen Vergebung ist.

39. Selbst für die gelehrtesten Theologen ist es ausgesprochen schwierig, vor dem Volk den Reichtum der Ablässe und zugleich die Wahrhaftigkeit der Reue herauszustreichen.

40. Wahre Reue sucht und liebt die Strafen; der Reichtum der Ablässe aber befreit von ihnen und führt dazu, die Strafen – zumindest bei Gelegenheit – zu hassen.

16 [41] Caute sunt venie apostolice predicande. ne populus false intelligat. eas preferri ceteris bonis operibus charitatis.

17 [42] Docendi sunt christiani. quod Pape mens non est: redemptionem veniarum ulla ex parte comparandam esse operibus misericordie.

18 [43] Docendi sunt christiani. quod dans pauperi: aut mutuans egenti: melius facit: quam si venias redimeret.

19 [44] Quia per opus charitatis crescit charitas: et fit homo melior. sed per venias non fit melior: sed tantummodo a pena liberior.

20 [45] Docendi sunt christiani. quod qui videt egenum: et neglecto eo. dat pro veniis non indulgentias Pape: sed indignationem dei sibi vendicat.

21 [46] Docendi sunt christiani: quod nisi superfluis abundent: necessaria tenentur domui sue retinere: et nequaquam propter venias effundere.

22 [47] Docendi sunt christiani. quod redemptio veniarum est libera: non precepta.

23 [48] Docendi sunt christiani. quod Papa sicut magis eget: ita magis optat in veniis dandis pro se devotam orationem: quam promptam pecuniam.

24 [49] Docendi sunt christiani. quod venie Pape sunt utiles: si non in eas confidant. Sed nocentissime: si timorem dei per eas amittant.

41. Mit Vorsicht sind die (päpstlich-)apostolischen Ablässe zu predigen, damit das Volk nicht fälschlich meint, sie seien den übrigen guten Werken der Liebe vorzuziehen.

42. Man muss die Christen lehren: Der Papst hat nicht im Sinn, dass der Ablasskauf in irgendeiner Weise den Werken der Barmherzigkeit gleichgestellt werden solle.

43. Man muss die Christen lehren: Wer einem Armen gibt oder einem Bedürftigen leiht, handelt besser, als wenn er Ablässe kaufte.

44. Denn durch ein Werk der Liebe wächst die Liebe, und der Mensch wird besser. Aber durch Ablässe wird er nicht besser, sondern nur freier von der Strafe.

45. Man muss die Christen lehren: Wer einen Bedürftigen sieht, sich nicht um ihn kümmert und für Ablässe etwas gibt, der erwirbt sich nicht Ablässe des Papstes, sondern Gottes Verachtung.

46. Man muss die Christen lehren: Wenn sie nicht im Überfluss schwimmen, sind sie verpflichtet, das für ihre Haushaltung Notwendige aufzubewahren und keinesfalls für Ablässe zu vergeuden.

47. Man muss die Christen lehren: Ablasskauf steht frei, ist nicht geboten.

48. Man muss die Christen lehren: Wie der Papst es stärker braucht, so wünscht er sich beim Gewähren von Ablässen lieber für sich ein frommes Gebet als bereitwillig gezahltes Geld.

49. Man muss die Christen lehren: Die Ablässe des Papstes sind nützlich, wenn die Christen nicht auf sie vertrauen, aber ganz und gar schädlich, wenn sie dadurch die Gottesfurcht verlieren.

25 [50] Docendi sunt christiani. quod si Papa nosset ex-
actiones venialium predicatorum mallet Basilicam sancti
Petri in cineres ire: quam edificari. cute carne et ossibus
ovium suarum.

1 [51] Docendi sunt christiani. quod Papa sicut debet ita
vellet. etiam vendita (si opus sit) Basilica sancti Petri: de
suis pecuniis dare illis: a quorum plurimis quidam concionatores veniarum pecuniam eliciunt.

2 [52] Vana est fiducia salutis per literas veniarum. etiam
si Commissarius: immo Papa ipse suam animam pro illis
impigneraret.

3 [53] Hostes Christi et Pape sunt ii: qui propter venias
predicandas verbum dei in aliis ecclesiis penitus silere iu-
bent.

4 [54] Iniuria fit verbo dei: dum in eodem sermone:
equale vel longius tempus impenditur veniis quam illi.

5 [55] Mens Pape necessario est. quod si venie (quod minimum est) una campana: unis pompis: et ceremoniis cele-
brantur. Euangelium (quod maximum est) centum campa-
nis: centum pompis: centum ceremoniis predicetur.

6 [56] Thesauri ecclesie. unde Papa dat indulgentias:
neque satis nominati sunt: neque cogniti apud populum
Christi.[12]

---

12 Die von Thomas von Aquin zuerst formulierte Lehre vom »Thesaurus ecclesiae« (Text: *Quellen zur Geschichte des Papsttums und
des römischen Katholizismus*, hrsg. von Kurt Aland, 1, Tübingen
⁶1967, 443 f., Nr. 725) wurde von Clemens VI. in der Jubiläumsbul-
le *Unigenitus Dei Filius* (27. Januar 1343; DH 1025–1027) propagiert
und in der Dekretale Leos X. *Cum postquam* lehramtlich definiert
(9. November 1518; DH 1447–1449).

50. Man muss die Christen lehren: Wenn der Papst das Geldeintreiben der Ablassprediger kennte, wäre es ihm lieber, dass die Basilika des Heiligen Petrus in Schutt und Asche sinkt als dass sie erbaut wird aus Haut, Fleisch und Knochen seiner Schafe.

51. Man muss die Christen lehren: Der Papst wäre, wie er es schuldig ist, bereit, sogar durch den Verkauf der Basilika des Heiligen Petrus, wenn es sein müsste, von seinem Geld denen zu geben, deren Masse gewisse Ablassprediger das Geld entlocken.

52. Nichtig ist die Heilszuversicht durch Ablassbriefe, selbst wenn der Ablasskommissar, ja, sogar der Papst selbst, seine Seele für sie verpfändete.

53. Feinde Christi und des Papstes sind diejenigen, die anordnen, wegen der Ablasspredigten habe das Wort Gottes in den anderen Kirchen völlig zu schweigen.

54. Unrecht geschieht dem Wort Gottes, wenn in ein und derselben Predigt den Ablässen gleichviel oder längere Zeit gewidmet wird wie ihm selbst.

55. Meinung des Papstes ist unbedingt: Wenn Ablässe, was das Geringste ist, mit einer Glocke, einer Prozession und einem Gottesdienst gefeiert werden, dann muss das Evangelium, das das Höchste ist, mit hundert Glocken, hundert Prozessionen, hundert Gottesdiensten gepredigt werden.

56. Die Schätze der Kirche, aus denen der Papst die Ablässe austeilt, sind weder genau genug bezeichnet noch beim Volk Christi erkannt worden.

7 [57] Temporales certe non esse patet. quod non tam facile eos profundunt: sed tantummodo colligunt multi concionatorum.

8 [58] Nec sunt merita Christi et sanctorum. quia hec semper sine Papa operantur gratiam hominis interioris: et crucem: mortem: infernumque exterioris.

9 [59] Thesauros ecclesie sanctus Laurentius dixit esse: pauperes ecclesie. sed locutus est usu vocabuli suo tempore.[13]

10 [60] Sine temeritate dicimus claves ecclesie (merito Christi donatas) esse thesaurum istum.

11 [61] Clarum est enim. quod ad remissionem penarum et casuum sola sufficit potestas Pape.

12 [62] Verus thesaurus ecclesie est. sacrosanctum euangelium glorie et gratie dei.

13 [63] Hic autem est merito odiosissimus. quia ex primis facit novissimos.[14]

14 [64] Thesaurus autem indulgentiarum merito est gratissimus. quia ex novissimis facit primos.

15 [65] Igitur thesauri Euangelici rhetia sunt: quibus olim piscabantur viros divitiarum.

---

13 Jacobi a Voragine *Legenda aurea*, rec. Th.[eodor] Graesse, Osnabrück 1965 (Nachdr. der Ausgabe ³1890), 489 f. = Iacopo da Varazze, *Legenda aurea*, edizione critica a cura di Giovanni Paolo Maggioni, Firenze 1998, 756 f. = Jacobus de Voragine, *Legenda aurea. Goldene Legende* / Jacopo de Varazze, *Legendae Sanctorum. Legenden der Heiligen*, Einl., Ed., Übers. und Komm. von Bruno W. Häuptli, Freiburg i. Br. / Basel / Wien 2014 (Fontes Christiani, Sonderband), 1462–1497, bes. 1470 f.

14 Vgl. Mt 19,30; 20,16.

57. Zeitliche Schätze sind es offenkundig nicht, weil viele der Prediger sie nicht so leicht austeilen, sondern nur einsammeln.

58. Es sind auch nicht die Verdienste Christi und der Heiligen; denn sie wirken ohne Papst immer Gnade für den inneren Menschen, aber Kreuz, Tod und Hölle für den äußeren.

59. Der heilige Laurentius sagte, die Schätze der Kirche seien die Armen der Kirche. Aber er redete nach dem Wortgebrauch seiner Zeit.

60. Wohlüberlegt sagen wir: Die Schlüsselgewalt der Kirche, durch Christi Verdienst geschenkt, ist dieser Schatz.

61. Denn es ist klar, dass für den Erlass von Strafen und von ihm vorbehaltenen Fällen allein die Vollmacht des Papstes genügt.

62. Der wahre Schatz der Kirche ist das heilige Evangelium der Herrlichkeit und Gnade Gottes.

63. Er ist aber aus gutem Grund ganz verhasst, denn er macht aus Ersten Letzte.

64. Der Schatz der Ablässe ist hingegen aus gutem Grund hochwillkommen, denn er macht aus Letzten Erste.

65. Also sind die Schätze des Evangeliums die Netze, mit denen man einst Menschen von Reichtümern fischte.

16 [66] Thesauri indulgentiarum rhetia sunt: quibus nunc piscantur divitias virorum.[15]

17 [67] Indulgentie: quas concionatores vociferantur maximas gratias. intelliguntur vere tales quoad questum promovendum.

18 [68] Sunt tamen re vera minime ad gratiam dei et crucis pietatem comparate.

19 [69] Tenentur Episcopi et Curati veniarum apostolicarum Commissarios cum omni reverentia admittere.

20 [70] Sed magis tenentur omnibus oculis intendere: omnibus auribus advertere: ne pro commissione Pape sua illi somnia predicent.

21 [71] Contra veniarum apostolicarum veritatem qui loquitur. sit ille anathema et maledictus.

22 [72] Qui vero contra libidinem ac licentiam verborum Concionatoris veniarum curam agit: sit ille benedictus.

23 [73] Sicut Papa iuste fulminat eos: qui in fraudem negocii veniarum quacunque arte machinantur.

24 [74] Multomagis fulminare intendit eos: qui per veniarum pretextum in fraudem sancte charitatis et veritatis machinantur.

25 [75] Opinari venias papales tantas esse: ut solvere possint hominem. etiam si quis per impossibile dei genitricem violasset. Est insanire.

15 Vgl. Mt 4,19.

66. Die Schätze der Ablässe sind die Netze, mit denen man heutzutage die Reichtümer von Menschen abfischt.

67. Die Ablässe, die die Prediger als »allergrößte Gnaden« ausschreien, sind im Hinblick auf die Gewinnsteigerung tatsächlich als solche zu verstehen.

68. Doch in Wahrheit sind sie die allerkleinsten, gemessen an der Gnade Gottes und seiner Barmherzigkeit im Kreuz.

69. Bischöfe und Pfarrer sind verpflichtet, die Kommissare der apostolischen Ablässe mit aller Ehrerbietung walten zu lassen.

70. Aber noch stärker sind sie verpflichtet, mit scharfen Augen und offenen Ohren darauf zu achten, dass die Kommissare nicht anstelle des Auftrags des Papstes ihre eigenen Einfälle predigen.

71. Wer gegen die Wahrheit der apostolischen Ablässe redet, der soll gebannt und verflucht sein.

72. Wer aber seine Aufmerksamkeit auf die Willkür und Frechheit in den Worten eines Ablasspredigers richtet, der soll gesegnet sein.

73. Wie der Papst mit Recht den Bann gegen die schmettert, die mit einigem Geschick etwas zum Schaden des Ablasshandels im Schilde führen,

74. so viel mehr beabsichtigt er, den Bann gegen die zu schmettern, die unter dem Deckmantel der Ablässe etwas zum Schaden der heiligen Liebe und Wahrheit im Schilde führen.

75. Zu glauben, die päpstlichen Ablässe seien derart, dass sie einen Menschen absolvieren könnten, selbst wenn er – gesetzt den unmöglichen Fall – die Gottesgebärerin vergewaltigt hätte, das ist verrückt sein.

1 [76] Dicimus[16] contra. quod venie papales: nec minimum venialium peccatorum tollere possint quo ad culpam.

2 [77] Quod dicitur. nec si sanctus Petrus modo Papa esset: maiores gratias donare posset est blasphemia in sanctum Petrum et Papam.

3 [78] Dicimus contra. quod etiam iste et quilibet papa maiores habet. scilicet Euangelium: virtutes: gratias curationum etc. ut 1. Co. xij.[17]

4 [79] Dicere. Crucem armis papalibus insigniter erectam: cruci Christi equivalere: blasphemia est.

5 [80] Rationem reddent Episcopi: Curati: et Theologi. Qui tales sermones in populum licere sinunt.

6 [81] Facit hec licentiosa veniarum predicatio. ut nec reverentiam Pape facile sit: etiam doctis viris redimere a calumniis aut certe argutis questionibus laicorum.

7 [82] Scilicet. Cur Papa non evacuat purgatorium. propter sanctissimam charitatem et summam animarum necessitatem ut causam omnium iustissimam. Si infinitas animas redimit propter pecuniam funestissimam ad structuram Basilice: ut causam levissimam.

8 [83] Item. Cur permanent exequie et anniversaria defunctorum: et non reddit aut recipi permittit beneficia pro illis instituta. cum iam sit iniuria pro redemptis orare.

16 Diximus Originaldruck.
17 1 Kor 12,28.

76. Wir sagen dagegen: Die päpstlichen Ablässe können nicht einmal die kleinste der lässlichen Sünden tilgen, was die Schuld betrifft.

77. Dass gesagt wird, selbst wenn der heilige Petrus jetzt Papst wäre, könnte er nicht größere Gnaden gewähren – das ist Blasphemie gegen den heiligen Petrus und den Papst.

78. Wir sagen dagegen: Auch dieser [Petrus] und jeder Papst haben noch größere Gnaden, nämlich das Evangelium, Wunderkräfte, Gaben, gesund zu machen, wie 1 Kor 12,28.

79. Zu sagen, das mit dem päpstlichen Wappen ins Auge fallend aufgerichtete Kreuz habe den gleichen Wert wie das Kreuz Christi, ist Blasphemie.

80. Rechenschaft werden die Bischöfe, Pfarrer und Theologen zu geben haben, die zulassen, dass solche Predigten vor dem Volk feilgeboten werden.

81. Diese unverfrorene Ablassverkündigung führt dazu, dass es selbst für gelehrte Männer nicht leicht ist, die Achtung gegenüber dem Papst wiederherzustellen angesichts der Anschuldigungen oder der gewiss scharfsinnigen Fragen der Laien.

82. Zum Beispiel: Warum räumt der Papst das Fegfeuer nicht aus um der heiligsten Liebe willen und wegen der höchsten Not der Seelen als dem berechtigtsten Grund von allen, wenn er doch unzählige Seelen loskauft wegen des unseligen Geldes zum Bau der Basilika als dem läppischsten Grund.

83. Wiederum: Warum bleibt es bei den Messen und Jahrgedächtnissen für die Verstorbenen, und warum gibt er die dafür eingerichteten Stiftungen nicht zurück oder erlaubt deren Rücknahme, wo es doch schon Unrecht ist, für [vom Fegfeuer] Erlöste zu beten?

9 [84] Item. Que illa nova pietas Dei et Pape. quod impio et inimico propter pecuniam concedunt: animam piam et amicam dei redimere. Et tamen propter necessitatem ipsius met pie et dilecte anime non redimunt eam gratuita charitate.

10 [85] Item. Cur Canones penitentiales re ipsa et non usu: iam diu in semet abrogati et mortui: adhuc tamen pecuniis redimuntur per concessionem indulgentiarum tanquam vivacissimi.

11 [86] Item. Cur Papa cuius opes hodie sunt opulentissimis crassis crassiores: non de suis pecuniis magis quam pauperum fidelium struit unam tantummodo Basilicam sancti Petri.

12 [87] Item. Quid remittit aut participat Papa iis: qui per contritionem perfectam ius habent plenarie remissionis et participationis.

13 [88] Item. Quid adderetur ecclesie boni maioris. Si Papa sicut semel facit: ita centies in die cuilibet fidelium has remissiones et participationes tribueret.

14 [89] Ex quo Papa salutem querit animarum: per venias magis quam pecunias. Cur suspendit literas et venias iam olim concessas: cum sint eque efficaces.

15 [90] Hec scrupulosissima laicorum argumenta: sola potestate compescere: nec reddita ratione diluere. Est ecclesiam et Papam hostibus ridendos exponere et infelices christianos facere.

84. Wiederum: Was ist das für eine neue Barmherzigkeit Gottes und des Papstes, dass sie einem Gottlosen und einem Feindseligen um Geldes willen zugestehen, eine fromme und Gott befreundete Seele loszukaufen? Gleichwohl befreien sie diese fromme und geliebte Seele nicht aus uneigennütziger Liebe um deren eigener Not willen.

85. Wiederum: Warum werden die kirchlichen Bußsatzungen, die der Sache nach und durch Nicht-Anwendung schon lange in sich selbst außer Kraft gesetzt und tot sind, gleichwohl noch immer durch Bewilligung von Ablässen mit Geldern gerettet, als steckten sie voller Leben?

86. Wiederum: Warum baut der Papst, dessen Reichtümer heute weit gewaltiger sind als die der mächtigsten Reichen, nicht wenigstens die eine Basilika des Heiligen Petrus mehr von seinen eigenen Geldern als von denen der armen Gläubigen?

87. Wiederum: Was gibt der Papst denen als Erlass oder Anteil, die durch vollkommene Reue ein Recht auf vollen Erlass und vollen Anteil haben?

88. Wiederum: Was könnte der Kirche einen größeren Vorteil verschaffen, wenn der Papst, wie er es einmal tut, hundertmal am Tag jedem Gläubigen diese Erlässe und Anteile gewährte?

89. Vorausgesetzt, der Papst sucht durch die Ablässe mehr das Heil der Seelen als die Gelder – warum setzt er dann schon früher gewährte Schreiben und Ablässe außer Kraft, obgleich sie doch ebenso wirksam sind?

90. Diese scharfen, heiklen Argumente der Laien allein mit Gewalt zu unterdrücken und nicht durch Gegengründe zu entkräften, heißt, die Kirche und den Papst den Feinden zum Gespött auszusetzen und die Christen unglücklich zu machen.

16 [91] Si ergo venie secundum spiritum et mentem Pape predicarentur. facile illa omnia solverentur: immo non essent.

17 [92] Valeant itaque omnes illi prophete: qui dicunt populo Christi. Pax pax. et non est pax[18].

18 [93] Bene agant omnes illi prophete: qui dicunt populo Christi. Crux crux. et non est crux.

19 [94] Exhortandi sunt Christiani: ut caput suum Christum[19] per penas: mortes: infernosque sequi studeant.[20]

20 [95] Ac sic[21] magis per multas tribulationes intrare celum: quam per securitatem pacis confidant.

M. D.Xvij.

---

18 Jer 6,14; 8,11; Ez 13,10.16.
19 Vgl. Eph 1,22; 4,15; 5,23; Kol 1,18.
20 Vgl. Mt 10,38; Apg 14,22.
21 si Originaldruck.

91. Wenn also die Ablässe nach dem Geist und im Sinne des Papstes gepredigt würden, wären alle jene Einwände leicht aufzulösen, ja, es gäbe sie gar nicht.

92. Mögen daher all jene Propheten verschwinden, die zum Volk Christi sagen: Friede, Friede!, und ist doch nicht Friede.

93. Möge es all den Propheten wohlergehen, die zum Volk Christi sagen: Kreuz, Kreuz!, und ist doch nicht Kreuz.

94. Man muss die Christen ermutigen, darauf bedacht zu sein, dass sie ihrem Haupt Christus durch Leiden, Tod und Hölle nachfolgen.

95. Und so dürfen sie darauf vertrauen, eher durch viele Trübsale hindurch in den Himmel einzugehen als durch die Sicherheit eines Friedens.

1517.

Brief an Erzbischof Albrecht von Mainz

Wittenberg, 31. Oktober 1517

Reverendissimo in Christo patri, illustrissimo domino, domino Alberto Magdeburgensis ac Moguntinensis Ecclesiarum Archiepiscopo Primati, Marchioni Brandenburgensi etc. domino suo et pastori in Christo venerabiliter metuendo ac gratiosissimo.

Ihesus.

Gratiam et misericordiam dei et quicquid potest et est. parce mihi, Reverendissime in Christo pater princeps illustrissime, Quod ego fex hominum tantum habeo temeritatis, vt ad Culmen tuę sublimitatis ausus fuerim cogitare Epistolam. Testis est mihi dominus Ihesus, Quod mee paruitatis et turpitudinis mihi conscius diu iam distuli, quod nunc perfricata fronte perficio, motus quam maxime officio fidelitatis meę, quam tuę Reverendissimae paternitati in Christo debere me agnosco. Dignetur itaque tua interim celsitudo oculum ad puluerem vnum intendere et votum meum pro tua et pontificali clementia intelligere.

Circumferuntur Indulgentię papales sub tuo praeclarissimo titulo ad fabricam Sancti petri, In quibus non adeo accuso praedicatorum exclamationes, quas non audiui, Sed doleo falsissimas intelligentias populi ex illis concep-

Brief an Erzbischof Albrecht von Mainz

Wittenberg, 31. Oktober 1517.

Dem hochwürdigsten Vater in Christus, durchlauchtigsten Herrn, Herrn Albrecht, der Magdeburger und Mainzer Kirchen Erzbischof und Primas, Markgraf zu Brandenburg usw., seinem ehrerbietigst zu fürchtenden und allergnädigsten Herrn und Hirten in Christus.

Jesus.

Gnade und Barmherzigkeit Gottes und alles, was er vermag und ist. Verzeihe mir, hochwürdigster Vater in Christus, durchlauchtigster Fürst, dass ich Hefe der Menschen ein solches Maß an Vermessenheit habe, dass ich mich unterstehe, an einen Brief an Deine erhabene Hoheit überhaupt auch nur zu denken. Der Herr Jesus ist mein Zeuge, dass ich, meiner Niedrigkeit und Erbärmlichkeit mir wohl bewusst, lange hinausgeschoben habe, was ich jetzt mit unverschämter Stirn ausführe. Dazu hat mich vor allem meine Treuepflicht bewogen, zu der ich mich Dir, meinem hochwürdigsten Vater in Christus, schuldig erkenne. Deine Hoheit möge daher so gnädig sein, ihr Augenmerk auf einen Staub zu richten, und meiner Bitte nach Deiner eigenen und der bischöflichen Milde Verständnis entgegenbringen.

Es wird rings im Lande der päpstliche Ablass unter Deinem hocherhabenen Namen zum Bau von St. Peter verbreitet. Dabei klage ich nicht so sehr das Geschrei der Ablassprediger an, das ich nicht gehört habe, sondern beklage vielmehr das grundfalsche Verständnis, das das Volk daraus gewinnt und das sie [die Ablassprediger] dem einfachen

tas, quas vulgo vndique iactant. Videlicet, Quod credunt infelices animę, si literas indulgentiarum redemerint, securi sint de salute sua[1], Item, Quod animę de purgatorio statim euolent, vbi contributionem in cistam coniecerint.[2] Deinde tantas esse has gratias, vt nullum sit adeo magnum peccatum, etiam (vt aiunt) si per impossibile quis Matrem dei violasset, quin possit solui.[3] Item, Quod homo per istas Indulgentias liber sit ab omni pęna et culpa.[4] O deus optime, Sic erudiuntur animę tuis curis, optime pater, commissę ad mortem! Et fit atque crescit durissima ratio tibi reddenda super omnibus istis[5]. idcirco tacere hęc amplius non potui. Non enim fit homo per vllum munus Episcopi securus de salute, cum nec per gratiam infusam dei fiat securus, Sed semper in timore et tremore iubet nos operari salutem nostram Apostolus.[6] Et Iustus vix saluabitur.[7] Denique tam arta est via, quę ducit ad vitam[8], vt sominus per prophetas Amos[9] et Zachariam[10] saluandos appellet torres raptos de incendio. Et vbique dominus difficultatem salutis denunciat. Quomodo ergo per illas falsas veniarum fabulas et promissiones faciunt populum securum et sine timore? Cum indulgentię prorsus nihil boni

1 Vgl. These 32.
2 Vgl. Luthers Reminiszenz in *Wider Hans Worst* (s. hier S. 86).
3 Vgl. These 75.
4 Vgl. These 21.
5 Vgl. These 80.
6 Phil 2,12.
7 1 Petr 4,18.
8 Mt 7,14.
9 Am 4,11.
10 Sach 3,2.

Volk überall hoch anpreisen: dass die unglücklichen Seelen glauben, wenn sie Ablassbriefe lösen, seien sie ihres Heils sicher, ebenso, dass die Seelen sogleich aus dem Fegefeuer fahren, sobald sie ihre Zahlung in den Kasten gelegt hätten; weiter, die Gnadenwirkungen dieses Ablasses seien so kräftig, dass keine Sünde zu groß sein kann – selbst (wie sie sagen) wenn einer (gesetzt die Möglichkeit) die Mutter Gottes geschändet hätte –, dass sie nicht vergeben werden könne; schließlich, dass der Mensch durch diesen Ablass frei sei von aller Strafe und Schuld.

Ach, lieber Gott, so werden die Seelen, die Deiner Obhut anvertraut sind, teuerster Vater, zum Tode unterwiesen, und die strenge Rechenschaft, die Du für sie alle wirst ablegen müssen, wächst immer mehr an. Darum habe ich hierzu nicht länger schweigen können. Denn der Mensch wird seines Heils nicht durch irgendeinen Gnadenerweis eines Bischofs sicher, da er nicht einmal durch Gottes eingegossene Gnade sicher wird; vielmehr gebietet uns der Apostel, allezeit mit Furcht und Zittern zu schaffen, dass wir selig werden (Phil 2,12). Und selbst der Gerechte wird kaum errettet werden (1 Petr 4,18). Ja, der Weg, der zum Leben führt (Mt 7,14), ist sogar so schmal, dass der Herr durch die Propheten Amos (4,11) und Sacharja (3,2) diejenigen, die gerettet werden sollen, ein Brandscheit nennt, das aus dem Feuer gerissen wird. Und überall verkündigt der Herr, wie schwer es ist, zum Heil zu gelangen. Wie also machen sie durch diese falschen Märchen und Versprechungen vom Ablass das Volk sicher und ohne Furcht, da doch der Ablass den Seelen nicht zum Heil und zur Heiligkeit verhilft, son-

conferant animabus ad salutem aut sanctitatem, Sed tantummodo pęnam externam olim canonice imponi solitam auferant.[11]

Denique opera pietatis et charitatis sunt in infinitum meliora indulgentiis.[12] Et tamen hęc non tanta pompa nec tanto studio praedicant, immo propter venias praedicandas illa tacent, cum tamen omnium Episcoporum hoc sit officium primum et solum, vt populus Euangelium discat et Charitatem Christi. Nusquam enim Christus praecepit Indulgentias praedicari, Sed Euangelium vehementer praecepit praedicari. Quantus ergo horror est, quantum periculum Episcopi, Si tacito Euangelio non nisi strepitus Indulgentiarum permittat in populum suum Et has plus curet quam Euangelium! Nonne dicet illis Christus: Colantes culicem et glutientes camelum?[13]

Accedit ad hoc, Reverendissime pater in domino, Quod in instructione illa commissariorum sub tuę paternitatis nomine edita[14] dicitur (Vtique sine tuę paternitatis Reverendissimae et scientia et consensu) Vnam principalium gratiarum esse donum illud dei inęstimabile, quo reconciliatur homo deo et omnes pęne delentur purgatorii. Item

---

11 Vgl. These 5. – Der Ablass war ursprünglich nur Erlass der von der Kirche auferlegten Strafen.

12 Vgl. These 43.

13 Mt 23,24.

14 *Instructio summaria pro subcommissariis, penitentiariis et confessoribus* ... (Leipzig: Melchior Lotter, um 1516), VD 16, M 266. – Vorhanden in Jena, Thüringer Universitäts- und Landesbibliothek, 4° Bud. Hist. eccl. 261 (5), unvollständig; Wolfenbüttel, Herzog August Bibliothek, 459.3 Theol. (3). Sie trägt auf dem Titelblatt das erzbischöfliche Wappen.

dern nur die äußerliche Strafe wegnimmt, die man früher nach den Kanones aufzuerlegen pflegte?

Und überhaupt sind die Werke der Frömmigkeit und Nächstenliebe unendlich viel besser als der Ablass. Und dennoch predigen sie diese weder mit so großer Feierlichkeit noch mit solchem Eifer. Ja, sie verschweigen sie sogar um der Ablasspredigt willen, während doch aller Bischöfe vornehmstes und einziges Amt das sein sollte, dafür zu sorgen, dass das Volk das Evangelium und die Liebe Christi lerne. Denn nirgends hat Christus befohlen, den Ablass zu predigen; aber das Evangelium zu predigen, hat er nachdrücklich befohlen. Wie groß ist daher das Entsetzen, wie groß die Gefahr, die ein Bischof zu gewärtigen hat, der, während das Evangelium zum Schweigen gebracht wird, nichts anderes als das Ablassgeschrei unter sein Volk bringen lässt und sich darum mehr kümmert als um das Evangelium. Wird nicht Christus zu ihnen sagen: »Ihr seiht Mücken und verschluckt Kamele«? (Mt 23,24)

Es kommt hinzu, hochwürdigster Vater im Herrn, dass es in der Instruktion für die Kommissare, die unter Deinem Namen, hochwürdigster Vater, ausgegangen ist (ohne Zweifel, hochwürdigster Vater, ohne Dein Wissen und Willen), heißt, eine der vornehmsten Gnaden sei eben diese unschätzbare Gabe Gottes, durch die der Mensch mit Gott versöhnt wird und alle Strafen des Fegefeuers getilgt

Quod non sit necessaria contritio iis, qui animas vel confessionalia redimunt[15].

Sed quid faciam? optime praesul et illustrissime princeps, Nisi quod per dominum Ihesum Christum tuam Reverendissimam paternitatem orem, quatinus oculum paternę curę dignetur aduertere et eundem libellum penitus tollere et praedicatoribus veniarum imponere aliam praedicandi formam, Ne forte aliquis tandem exurgat, qui editis libellis et illos et libellum illum confutet, ad vituperium summum illustrissime tuę sublimitatis, quod ego vehementer quidem fieri abhorreo et tamen futurum timeo, nisi cito succurratur.

Hęc meę paruitatis fidelia officia rogo tua illustrissima gratia dignetur accipere modo principali et Episcopali, idest clementissimo, sicut ego ea exhibeo corde fidelissimo et tuae paternitati Reverendissimae deditissimo. Sum enim et ego pars ovilis tui. dominus Ihesus custodiat tuam Reverendissimam paternitatem inęternum. Amen. Ex Vittenberga 1517. Vigilia omnium Sanctorum. Si tuae Reverendissimae paternitati placet, poterit has meas disputationes[16] videre, vt intelligat, quam dubia res sit Indulgentiarum opinio, quam illi vt certissimam seminant.

Indignus filius   Martinus Luther
                          Augustinianus Doctor S Theologie
                                                      vocatus.

15 Zitat aus der *Instructio summaria*.
16 Luther legte seinem Schreiben ein Exemplar der 95 Thesen bei; dieses Exemplar ist – anders als der Brief – nicht erhalten. Es handelte sich vermutlich nicht um eine handschriftliche Ausfertigung, sondern um ein Exemplar des Erstdrucks – desselben, der auch am 31. Oktober in Wittenberg veröffentlicht wurde.

werden; weiter, Reue hätten die nicht nötig, die Seelen- oder Beichtbriefe lösen.

Aber was kann ich anderes tun, hochwürdigster Bischof und durchlauchtigster Fürst, als' dass ich Dich, hochwürdigster Vater, durch den Herrn Jesus Christus bitte, doch ein Auge väterlicher Sorge auf diese Sache haben zu wollen und dieses Buch ganz aufzuheben und den Ablasspredigern eine andere Predigtanweisung aufzuerlegen, damit nicht vielleicht schließlich einer aufstehe, der durch die Veröffentlichung seiner Bücher sie und auch jenes Buch widerlegte, zur höchsten Schmach Deiner durchlauchtigsten Hoheit. Davor schaudere ich freilich heftig zurück, und dennoch fürchte ich, dass es geschehen wird, wenn nicht schnell Abhilfe geschaffen wird.

Diesen treuen Dienst meiner Wenigkeit möge Euer durchlauchtigsten Gnaden geruhen, fürstlich und bischöflich, d. h. allergnädigst, anzunehmen, wie ich ihn mit ganz treuem und Dir, hochwürdigster Vater, ganz und gar ergebenem Herzen erweise. Denn auch ich bin ein Teil Deiner Herde. Der Herr Jesus behüte Dich, hochwürdigster Vater, in Ewigkeit. Amen. Aus Wittenberg, 1517, am Tage vor Allerheiligen. Wenn es Euer Hochwürden gefällt, kann sie diese meine Thesen ansehen, um daraus zu erkennen, eine wie zweifelhafte Sache die Auffassung vom Ablass ist, die jene gleichwohl so verbreiten, als sei sie ganz gewiss.

Euer unwürdiger Sohn   Martinus Luther
Augustiner, berufener
Doktor der heiligen Theologie.

Sermon von Ablass und Gnade. 1518

Ein Sermon von dem Ablass und Gnade, von dem ehrwürdigen Doktor Martin Luther, Augustiner zu Wittenberg

Zum ersten müsst Ihr wissen, dass etliche neue Kirchenlehrer wie der Magister Sententiarum [Petrus Lombardus], der heilige Thomas [von Aquin] und ihre Nachfolger die Buße in drei Teile gliedern, nämlich in die Reue, die Beichte, die Genugtuung. Und obwohl diese Unterscheidung nach ihrer Meinung schwerlich oder gar nicht begründet gefunden wird in der Heiligen Schrift oder bei den alten heiligen christlichen Lehrern, wollen wir das jetzt so stehenlassen und in ihrer [der neuen Kirchenlehrer] Weise reden.

Zum zweiten sagen sie: Der Ablass ersetzt nicht den ersten oder den zweiten Teil, also nicht die Reue oder die Beichte, sondern den dritten, nämlich die Genugtuung.

Zum dritten: Die Genugtuung wird weiter aufgeteilt in drei Teile, das sind beten, fasten, Almosen. Das Beten umfasst allerlei Werke der Seele wie lesen, mit dem Wort umgehen, Gottes Wort hören, predigen, lehren und dergleichen. Fasten umfasst allerlei Werke der Kasteiung des eigenen Fleisches wie wachen, arbeiten, ein hartes Nachtlager und dürftige Kleidung etc. Almosen umfasst allerlei Werke der Liebe und Barmherzigkeit dem Nächsten gegenüber.

Zum vierten bleibt bei ihnen allen unbezweifelt, dass der Ablass eben nur diese Werke der Genugtuung ersetzt, die man für die Sünde schuldig ist oder die einem auferlegt sind; denn wenn er diese selben Werke (überhaupt) ersetzen würde, bliebe nichts Gutes mehr, das wir tun könnten.

Zum fünften: Viele stellten sich die große und noch unentschiedene dogmatische Frage, ob der Ablass noch etwas mehr ersetze als [nur] solche auferlegten guten Werke, nämlich ob er auch die Strafe, die die göttliche Gerechtigkeit für die Sünden verlangt, hinwegnimmt.

Zum sechsten lasse ich diese Schulmeinung erst einmal unwiderlegt. Ich sage aber, dass man aus der Schrift keinesfalls beweisen kann, dass die göttliche Gerechtigkeit irgendeine andere Strafe oder Genugtuung von dem Sünder begehrt oder einfordert als allein seine herzliche und wahrhaftige Reue oder Bekehrung dazu, fürderhin entschlossen das Kreuz Christi zu tragen und die obengenannten Werke zu tun, selbst wenn ihm diese von niemandem auferlegt wurden. Denn so spricht er durch Ezechiel: Wenn sich der Sünder bekehrt und recht tut, so will ich seine Sünde vergessen.[1] Genauso hat er selbst losgesprochen Maria Magdalena, den Gichtbrüchigen, die Ehebrecherin etc. Ich wusste gern, wer das anders sieht, selbst wenn es etlichen Doktoren so vorgekommen sein sollte.

Zum siebten: Das gibt es wohl, dass Gott etliche seiner Gerechtigkeit gemäß straft oder durch Strafe zur Reue zwingt, wie es in Psalm 88[2] heißt: Wenn seine Kinder sündigen,

1 Ez 18,21; 33,14–16.
2 Nach der Vulgata-Zählung. Ps 89,31–34 nach der Lutherbibel.

will ich mit der Rute ihre Sünde heimsuchen, aber doch meine Barmherzigkeit nicht von ihnen wenden. Aber es steht in niemandes Gewalt, diese Strafe zu erlassen als allein in der Gewalt Gottes. Ja, er will sie nicht erlassen, sondern er verspricht, er wolle sie auferlegen.

Zum achten: Deshalb kann man dieser eben erwähnten Strafe[, die durch den Ablass erlassen wird,] keinen Namen geben, und es weiß auch niemand, was sie ist, wenn sie diese Strafe nicht ist und nicht zu den genannten guten Werken gehört.

Zum neunten: Ich sage: Wenn die christliche Kirche noch heute beschlösse und erklärte, dass der Ablass mehr als die Werke der Genugtuung tilge, so wäre es dennoch tausendmal besser, dass kein Christenmensch den Ablass kaufte oder begehrte, sondern dass sie lieber die Werke täten und die Strafe litten. Denn der Ablass ist nichts anderes und kann auch nichts anderes werden als das Erlassen guter Werke und heilsamer Strafe, die man besser erwählen sollte als unterlassen. Gleichwohl haben etliche der neuen Prediger zweierlei Strafen erfunden, nämlich »Medicativas« und »Satisfactorias«[3], also einige Strafen zur Genugtuung und andere zur Besserung. Aber wir haben gottlob mehr Freiheit, dergleichen Geschwätz zu überhören, als sie haben, solches zu erfinden; denn alle Strafen, ja überhaupt alles, was Gott auferlegt, ist zuträglich und bessert den Christen.

---

3 »Medicativas«: Strafen zur Besserung; »Satisfactorias«: Strafen zur Wiedergutmachung.

Zum zehnten: Das soll nicht heißen, dass es der Strafen und Werke zu viele gibt, und dass der Mensch sie nicht alle leisten könne wegen der Kürze seines Lebens, und dass er darum den Ablass brauche. Darauf wende ich ein, dass diese Meinung keine Begründung hat und reine Erfindung ist. Denn Gott und die heilige Kirche erlegen niemandem mehr auf, als ihm zu tragen möglich ist. So sagt auch der heilige Paulus, dass Gott niemanden versucht werden lässt mehr als er ertragen kann[4]; und es gereicht der Christenheit nicht wenig zur Schmach, dass man sie beschuldigt, sie erlege uns mehr auf, als wir tragen können.

Zum elften: Selbst wenn die Buße nach geistlichem Recht jetzt noch verhängt werden könnte, wie etwa dass für eine jede Todsünde sieben Jahre Buße auferlegt würden, so müsste doch die Christenheit dieselben Gesetze aufgeben und nicht mehr auferlegen, als einem jeglichen zu tragen wäre. Im Gegenteil: Da sie jetzt nicht mehr gelten, soll man verhindern, dass jemandem mehr auferlegt wird, als er gut tragen kann.

Zum zwölften: Man sagt zwar, dass der Sünder mit der übrigen Strafe ins Fegefeuer oder zum Ablass gedrängt werden soll, aber es wird vieles so ohne Grund und Begründung dahergeredet.

Zum dreizehnten: Es ist ein großer Irrtum, dass jemand glaubt, er leiste Genugtuung für seine Sünden, weil doch Gott dieselben jederzeit umsonst, aus unermesslicher Gnade vergibt, nichts dafür verlangend als hinfort ein gutes

4 1 Kor 10,13.

Leben. Die Christenheit verlangt wohl etwas, also kann und soll sie auch etwas erlassen und nichts Schweres oder Untragbares auferlegen.

Zum vierzehnten: Der Ablass wird zugelassen um der unvollkommenen und faulen Christen willen, die sich nicht in guten Werken munter üben wollen oder unleidlich sind, denn der Ablass fördert niemanden zum Besseren, sondern duldet und belässt ihnen ihre Unvollkommenheit. Darum soll man nicht gegen den Ablass reden, aber man soll auch niemandem dazu raten.

Zum fünfzehnten: Viel sicherer und besser täte der, der mit Lauterkeit um Gottes willen für den Kirchenbau von St. Peter spendete oder täte, was sonst empfohlen wird, als dass er einen Ablass dafür kaufe, denn es wäre gefährlich für ihn, eine solche Gabe um des Ablasses willen zu geben und nicht um Gottes willen.

Zum sechzehnten: Viel besser ist das Werk, das einem Bedürftigen erzeigt wird, als das, das für den Bau gespendet wird, und es ist auch viel besser, als dass der Ablass erteilt wird. Denn wie gesagt: Besser ein gutes Werk getan als viel erlassen. Ablass ist letztlich das Erlassen vieler guter Werke, oder er ist gar nichts.

Damit ich Euch das gut erkläre, passt bitte auf: Du sollst vor allen Dingen, ungeachtet der Kirche St. Peter und des Ablasses, deinem armen Nächsten geben, wenn du etwas geben willst. Wenn es aber so weit kommt, dass in deiner Stadt niemand mehr ist, der der Hilfe bedarf (was, so Gott will, nimmer geschehen wird), dann kannst du geben, wenn du willst, für Kirchen, Altäre, Kirchenschmuck, Kelche, die in deiner Stadt zu finden sind. Und wenn auch das nicht mehr gebraucht wird, erst dann, wenn du willst, magst du für den Bau von St. Peter oder anderswo etwas spenden. Das sollst du dennoch nicht um des Ablasses willen tun, denn der heilige Paulus spricht: Wer seinen Hausgenossen nichts Gutes tut, ist kein Christ und schlimmer als ein Heide[5]. Halte dich daran, wer dir anderes sagt, der verführt dich oder sucht deine Seele in deinem Geldbeutel, und fände er Pfennige darin, so wäre es ihm lieber als jede Seele.

Du sagst dann: So will ich nie mehr Ablass kaufen! Darauf antworte ich: Genau das habe ich gesagt, dass es mein Wille, mein Wunsch, meine Bitte und mein Rat ist, dass niemand mehr Ablass kaufe. Lass du die faulen und schläfrigen Christen Ablass kaufen, geh du deinen Weg.

Zum siebzehnten: Der Ablass ist nicht geboten und auch nicht angeraten, sondern gehört zu den Dingen, die zugelassen und erlaubt werden. Darum ist er kein Werk des Gehorsams und auch nicht verdienstlich, sondern nur eine Folge aus dem Gehorsam. Darum: Obwohl man niemandem verbieten soll, ihn zu kaufen, soll man doch alle Christen davon abhalten und sie zu den Werken und Strafen, die mit ihm erlassen werden, anreizen und stärken.

Zum achtzehnten: Ob die Seelen aus dem Fegefeuer gezogen werden durch den Ablass, weiß ich nicht, und ich glaube das auch nicht, wiewohl etliche neue Gelehrte das be-

5 1 Tim 5,8.

haupten. Es ist ihnen aber unmöglich, das zu beweisen, und die Kirche hat es auch noch nicht [als Lehre] bestätigt. Also ist es zur größeren Sicherheit viel besser, dass du für sie selbst bittest und wirkst, denn das ist bewährter und gewiss.

Zum neunzehnten: An diesen Punkten habe ich nicht Zweifel, und sie sind ausreichend in der Schrift gegründet. Darum sollt ihr auch keine Zweifel haben, und lasst Doctores Scholasticos Scholastiker sein, sie sind allesamt nicht stark genug, mit ihren Lehrmeinungen auch nur eine Predigt ordentlich zu begründen.

Zum zwanzigsten: Wenn einige mich nun wohl einen Ketzer schimpfen, denen solche Wahrheiten abträglich sind, so achte ich solches Geplärre doch nicht hoch, zumal das nur einige finstere Hirne tun, die die Bibel nicht von fern gerochen, die christlichen Lehrer nicht gelesen, ihre eigenen Lehrer nicht verstanden haben, sondern in ihren löchrigen und zerrissenen Lehren beinahe verwesen. Denn hätten sie sie verstanden, so wüssten sie, dass sie niemanden lästern sollten, der weder angehört noch widerlegt werden konnte. Doch Gott gebe ihnen und uns rechten Verstand.

Amen.

Weitere Quellen

MARTIN LUTHER

Resolutiones disputationum de indulgentiarum
virtute. Erklärungen und Beweise[1] der Thesen
von der Kraft der Ablässe. 1518 (Auszug)

Verwahrung

Weil dies eine theologische Disputation ist, will ich hiermit abermals die an den hohen Schulen übliche Verwahrung wiederholen, um die Gemüter, die sich vielleicht
durch den bloßen Wortlaut der Thesen[2] angegriffen füh-
len, zu beruhigen.

Erstens erkläre ich, dass ich überhaupt nichts sagen oder
behaupten will als das, was zu allererst in und nach der Heiligen Schrift, sodann nach den von der römischen Kirche
anerkannten und bisher bewahrten Kirchenvätern und auf
Grund des kanonischen Rechts und der päpstlichen Erlasse
festgehalten wird und bewiesen werden kann. Insofern etwas aus ihnen bewiesen oder nicht bewiesen werden kann,
will ich das als eine Frage ansehen, über die sich nach dem
Urteil der Vernunft und nach der Erfahrung disputieren
lässt; doch immer unter dem Vorbehalt des Urteils aller
meiner Oberen.

Dies Eine füge ich hinzu, und das will ich mir als Vor-
recht christlicher Freiheit wahren: dass ich bloße Meinungen des heiligen Thomas, Bonaventuras oder anderer Scholastiker oder Kanonisten, die einfach ohne Text und Beweis

---

1 Als »declarationes et probationes« bezeichnet Luther selbst seine
  Schrift in Briefen (vgl. Nachwort, S. 100).
2 Nämlich der 95 Thesen über die Kraft der Ablässe.

aufgestellt sind, nach meinem eigenen Urteil verwerfen oder annehmen will, nach dem Rat des Paulus: Prüfet alles, und das Gute behaltet [1 Thess 5,21], obwohl ich um die Meinung einiger Thomisten weiß, die gern möchten, dass der heilige Thomas von der Kirche in allen Stücken anerkannt ist. Denn es ist sattsam bekannt, wie viel die Autorität des heiligen Thomas wert ist.

Durch diese meine Erklärung ist hoffentlich hinreichend klar geworden, dass ich zwar irren kann, aber deshalb noch kein Ketzer sein werde, wie sehr auch immer auch diejenigen, die anders denken oder wünschen, toben, ja, vor Zorn vergehen [vgl. Ps 110,5 f.].

Erste These

Als unser Herr und Meister Jesus Christus sagte: »Tut Buße, denn das Himmelreiche ist nahe herbei gekommen«, wollte er, dass das ganze Leben der Glaubenden Buße sei.

Diese These bekräftige ich und zweifle nicht daran.

Doch beweise ich sie, zumindest um der Ungelehrten willen, erstens aus dem griechischen Wort selbst: *metanoite*, das heißt: Tut Buße, was im allerstrengsten Sinn übersetzt werden kann mit *transmentamini*, das heißt: Zieht einen anderen Geist und Sinn an, kommt zur Vernunft, vollzieht ein Hinübergehen eures Sinnes und Verstandes und einen Übergang eures Geistes, damit ihr von nun an himmlisch gesinnt seid, die ihr bisher irdisch gesinnt wart.[3] Das bezeichnet der Apostel Röm 12,2 so: Ändert euch

---

3 Dieses Verständnis von *metanoia* entfaltet Luther auch in seinem Widmungsbrief an Staupitz; vgl. das Nachwort, S. 102.

durch die Erneuerung eures Sinnes. – Durch solches Klugwerden geschieht es, dass der Sünder mit sich zu Herzen
geht und seine Sünde hasst. Es ist aber gewiss, dass dieses
Klugwerden und dieser Hass gegen sich selbst das ganze
Leben lang geschehen muss, nach dem Wort: Wer sein Leben auf dieser Welt hasst, der wird es erhalten zum ewigen
Leben [vgl. Mt 10,39], und wiederum: Wer nicht sein Kreuz
auf sich nimmt und folgt mir nach, der ist meiner nicht
wert [Mt 10,38], und ebendort: Ich bin nicht gekommen,
Frieden zu bringen, sondern das Schwert [Mt 10,34]. Und
Mt 5,4: Selig sind, die da Leid tragen, denn sie sollen getröstet werden. Und Paulus Röm 6,6 und 8,13 und an vielen
Stellen befiehlt, sein Fleisch zu kreuzigen und die Glieder
zu töten, die auf Erden sind. Und Gal 5,24 lehrt er, dass
man sein Fleisch kreuzigen solle samt den Leidenschaften
und Begierden, und 2 Kor 6,4 f. sagt er: In allem erweisen
wir uns als Diener Gottes, in großer Geduld, in Trübsal, in
Nöten, in Ängsten, in Schlägen, in Gefängnissen, in Ver-
folgungen, in Mühen, im Wachen, im Fasten usw. – Dies
führe ich aber deshalb so ausführlich an, weil ich annehme,
dass ich es mit Lesern zu tun habe, die meine Auffassung
(noch) nicht kennen.

Deshalb beweise ich eben diesen Satz zweitens auch mit
einem Vernunftbeweis. Weil Christus ein Lehrer des Geistes ist und nicht des Buchstabens [vgl. 2 Kor 3,6] und seine
Worte Geist und Leben sind [Joh 6,63], folgt daraus notwendig, dass er eine Buße lehrt, die im Geist und in der
Wahrheit geschieht [Mt 6,16], nicht aber eine, die äußerlich
auch die hochmütigsten Heuchler leisten können, die in
ihren Fasten ihr Gesicht verstellen, an den Straßenecken
beten [Mt 6,5] und vor sich her ausposaunen lassen [Mt 6,2],

wenn sie Almosen geben. Eine solche Buße, sage ich, muss Christus lehren, die man in allen Ständen leben kann, die der König in seinem Purpur, der Priester in seiner Zierde, die Fürsten in ihrer Würde nicht weniger befolgen können als der Mönch oder der Bettler nach seinen Ordensvorschriften oder in seiner Armut, so wie es Daniel und seine Gefährten mitten in Babylon getan haben. Denn für alle Menschen, das heißt für Menschen aller Stände, muss die Lehre Christi geeignet sein.

Drittens beten wir und müssen beten in unserem ganzen Leben: Vergib uns unsere Schuld. Und also tun wir in unserm ganzen Leben Buße und missfallen uns selbst; es sei denn, jemand wäre so töricht zu glauben, er müsse nur zum Schein um Vergebung seiner Schuld bitten. Denn die Schuld, um derentwillen uns zu beten befohlen wird, ist wirkliche und nicht gering zu achtende Schuld. Und wenn sie auch erlassen werden kann, können wir doch nicht selig werden, wenn sie uns nicht vergeben worden ist.

Zweite These

Dieses Wort darf nicht auf die sakramentale Buße gedeutet werden, das heißt, auf jene Buße der Beichte und Genugtuung, die unter Amt und Dienst der Priester vollzogen wird.

Auch diese These bekräftige und beweise ich.

Erstens. Die sakramentale Buße kann nur zu bestimmten Zeiten und nicht in jedem Moment geleistet werden. Ansonsten müsste man ununterbrochen mit dem Priester reden und nichts anderes tun als nur die Sünden bekennen und die auferlegte Genugtuung erfüllen. Daher kann das nicht das Kreuz sein, das Christus auf uns zu nehmen befiehlt [vgl. Mt 10,38]; sie ist auch nicht die Abtötung der Begierden des Fleisches.

Zweitens. Die sakramentale Buße ist nur eine äußere und erfordert im Voraus die innere, ohne die sie nichts wert ist. Aber sie ist eben innere und kann ohne die sakramentale Buße sein.

Drittens. Die sakramentale Buße kann unwahr, die innere aber kann nicht anders als wahr und echt sein. Ist sie nicht echt, ist sie das Werk von Heuchlern – nicht die, die Christus lehrt.

Viertens. Hinsichtlich der sakramentalen Buße hat man kein Gebot Christi. Sondern sie ist durch die Päpste und die Kirche eingesetzt (wenigstens was ihren dritten Teil, die Genugtuung, angeht). Daher ist sie nach dem Urteil auch veränderbar. Aber die evangeliumsgemäße Buße ist ein göttliches Gesetz; sie kann zu keiner Stunde geändert werden, da sie das immerwährende Opfer ist, das ein zerknirschtes und gedemütigtes Herz [Ps 51,19] genannt wird.

Fünftens. Hierher gehört, dass die scholastischen Schultheologen einmütig zwischen der Buße als Tugend und der sakramentalen Buße unterscheiden, indem sie die Buße als Tugend gleichsam als die Materie oder das Subjekt der sakramentalen Buße auffassen.

Dritte These

Gleichwohl zielt dieses Wort nicht nur auf eine innere Buße; ja, eine innere Buße ist keine, wenn sie nicht äußerlich vielfältige Marter des Fleisches schafft.

Auch diese These bekräftige und beweise ich.

Erstens. Der Apostel befiehlt [Röm 12,1]: Gebt eure Leiber als ein Opfer hin, das lebendig, heilig und Gott wohlgefällig ist. Und wie das geschehen soll, erklärt er im Folgenden lang und breit, wenn er lehrt [Röm 12,3 ff.], dass man nicht mehr von sich halten solle, als sich's gebührt, einander dienen und lieben, im Gebet beständig bleiben, Geduld haben soll usw. Ebenso sagt er auch [2 Kor 6,4 f.]: In allem erweisen wir uns als Diener Gottes: in großer Geduld ... in Wachen, in Fasten usw. Aber auch Christus lehrt Mt 6,16 ff., 5,1 ff. recht fasten, beten, Almosen geben; ebenso anderswo [Lk 11,41]: Gebt Almosen von dem, was da ist, siehe, dann ist euch alles rein.

Daraus folgt, dass die drei Teile der Genugtuung: Fasten, Beten, Almosengeben nicht zur sakramentalen Buße gehören, soweit es die Substanz dieser Handlungen angeht, weil sie aus Christi Gebot kommen, sondern nur, soweit es Maß und Zeit betrifft, je nachdem die Kirche sie bestimmt hat: wie lange man beten, fasten oder geben soll, ferner wie viel und was man beten, wie viel und was man nicht essen, wie viel und was man spenden soll. Soweit sie aber zur evangelischen Buße gehören, umfasst das Fasten alle Entbehrungen des Fleisches, ohne dass es auf den Unterschied der Speisen oder die Wahl der Kleidung ankommt; das Gebet umfasst alle Bemühungen des Geistes, im Meditieren, Lesen, Hören, Beten; das Almosengeben aber allen Dienst am Nächsten. So dient also ein bußfertiger Christ durch Fasten sich selbst, durch das Gebet Gott und durch Almosen dem Nächsten. Durch die erste Übung soll er die Begehrlichkeit des Fleisches überwinden, so dass er mäßig und keusch lebt, durch die zweite den Hochmut dieses Lebens ablegen, so dass er gottgefällig lebt, durch die dritte soll er der Augenlust Herr werden, so dass er gerecht in dieser Welt lebt. Deshalb gehören alle Arten der Abtötung, die ein zerknirschter, reuiger Mensch sich auferlegt, zur inneren Buße, als deren Früchte, seien es nun Wachen, Mühe und Arbeit, Mangel, Studieren, Beten, Enthaltung vom anderen Geschlecht und von anderen Freuden, insofern alle diese Formen der Abtötung das geistliche Wachstum fördern.

Zweitens. So hat es der Herr selbst und so haben es alle seine Heiligen mit ihm gehalten. So hat er denn auch befohlen: Lasst euer Licht leuchten vor den Leuten, damit sie eure guten Werke sehen [Mt 5, 16]. Denn zweifellos sind die guten Werke die äußeren Früchte der Buße und des Geistes, da ja der Geist es ist, der jenes Gurren der Turteltaube bewirkt [Hld 2,14], das heißt, den Seufzer des Herzens, der die Wurzel für gute Werke ist.[4] Ich aber habe von der echten und eigentlichen Bedeutung des Wortes gesprochen, die Christus oder wenigstens Johannes der Täufer mit diesem Wort im Sinn gehabt hat. Dieser aber hatte nicht die Autorität, ein Sakrament einzusetzen, und doch kam er und predigte die Taufe der Buße, als er sagte: Tut Buße [Mt 3,2]. Dieses Wort hat Christus wiederholt [Mt 4,17]. Und damit ist es, glaube ich, hinreichend klar, dass er hier nicht von dem Sakrament (der Buße) geredet hat. Dennoch wollen wir einmal annehmen, ihre Wunschvorstellung sei wahr, und sehen, was daraus folgt.

4 Es folgt eine heftige polemische Attacke gegen Johannes Tetzels Gegenthesen gegen Luthers 95 Thesen, über die im Januar 1518 in Frankfurt (Oder) öffentlich disputiert worden war und die auf einem Einblattdruck publiziert worden waren, insbesondere gegen die erste These Tetzels (WA 1, 532,33–533,9).

Christus ist zweifellos der göttliche Gesetzgeber, und seine Lehre ist göttliches Recht, das heißt, dass keine Gewalt sie ändern oder von ihr dispensieren kann. Aber wenn nun die von Christus an dieser Stelle gelehrte Buße die sakramentale Buße, also die Genugtuung bezeichnet und der Papst diese ändern kann und auch tatsächlich nach seinem Gutdünken ändert, dann hat der Papst entweder das göttliche Recht nach seinem Gutdünken in der Hand, oder er ist der allergottloseste Widersacher gegen seinen Gott, indem er das Gebot Gottes aufhebt.

Achtundzwanzigste These

Das ist gewiss: Fällt die Münze klingelnd in den Kasten, können Gewinn und Habgier zunehmen. Die Fürbitte der Kirche aber liegt allein in Gottes Ermessen.

Es ist sonderbar, dass meine Gegner nicht auch mit eben solchem Eifer und Geschrei das heilbringende Evangelium Christi predigen. Das macht ihre Sache verdächtig, weil es scheint, als schätzten sie den Gewinn höher als die Gottesfurcht – sofern sie nicht etwa höchlichst entschuldigt werden können, dass sie das Evangelium nicht kennen. Da also beim Ablass von Gottesfurcht, Verdienst und göttlichem Gebot keine Rede sein kann, sondern er nur in einer angemaßten Freiheit besteht – wenn auch das Werk, mit dem er erworben ist, gottesfürchtig ist –, hat es allerdings doch den Anschein, als werde durch den Ablass mehr der Gewinn als die Gottesfurcht gefördert, indem man so verschwenderisch damit umgeht und ausschließlich vom Ablass predigt und das Evangelium dagegen nachlässiger und so gut wie gar nicht vorträgt.

Das beweise ich. Erstens. Die Fürbitte der Kirche ist keine rechtliche Befugnis des Papstes, und auch die Annahme bei Gott steht nicht in seiner Macht, sondern nur, dass er Gott diese Fürbitte vorträgt – selbst wenn man ihre Meinung gelten ließe, die Seelen würden durch diese Fürbitte erlöst werden.

Zweitens. Damit wäre die verbreitete Ansicht des Heiligen Augustinus falsch, dass die Fürbitten nur denen nützen, die es verdient haben, dass ihnen geholfen wird[5]; denn dann würden sie allen Seelen kraft der Gewalt des Papstes, nicht aber kraft ihres Verdienstes nützen.

Drittens. Es ist gegen die Natur und die Bedeutung des Wortes, dass es in der Gewalt des Papstes stehe, durch Fürbitte Seelen zu erlösen. Denn wie vorzüglich ein Werk auch sei – wenn es in eine Fürbitte verwandelt wird, wirkt es nicht als Werk, sondern eben als Fürbitte. Die Erhörung der Fürbitte aber führt erst zur Erlösung. Sie reden also entweder unter anderen Bezeichnungen von der Sache – und dann ist ihr Betrug noch schlimmer, oder sie reden mit dem eigentlichen Wort von ihrer Sache – dann kann ihre Meinung nicht bestehen, weil das Wort ›Fürbitte‹ der Bezeichnung und Vorstellung von einer Gewalt widerstreitet.

Viertens. Es wäre dann überhaupt kein Unterschied zwischen der Fürbitte und der Gewalt als nur dem Wort nach; der Sache selbst nach wären sie dasselbe, weil sie dasselbe bewirken, ohne dass etwas anderes dafür erforderlich wäre als der Wille des Papstes. – Warum schweigt man denn

---

5 Augustinus, *Enchiridion ad Laurentium*, cap. 29 (110) *BKV online*: Von Messen und Almosen für die verstorbenen Seelen haben nur diejenigen Nutzen, »die es während ihres Lebens verdient haben, daß es ihnen später einmal nutzen kann«.

nicht besser von der Fürbitte und hört auf uns zu zwingen, unter dem Wort ›Fürbitte‹ etwas anderes zu verstehen als unter dem Wort ›Gewalt‹?

Hiermit erkläre ich abermals, lieber Leser, dass ich von der Fürbitte so rede, als ob es sie tatsächlich gäbe. Denn meine Meinung habe ich bereits oben gesagt: Ich bin nicht sicher und verstehe auch nicht, ob es eine solche Fürbitte gibt oder geben kann. Das sage ich deshalb, damit mir niemand das Gegenteil unterstellt, als widerspräche ich mir selbst, indem ich hier quasi eine solche Fürbitte bejahe, die ich zuvor eher bestritten habe.

Sechsunddreißigste These

Jeder wahrhaft reumütige Christ erlangt vollkommenen Erlass von Strafe und Schuld, der ihm auch ohne Ablassbriefe zukommt.

Sonst wären diejenigen in Gefahr, die solche Briefe nicht hätten, und das ist falsch, da diese weder geboten noch geraten sind, sondern frei. Und diejenigen, die diese Ablassbriefe links liegen lassen, sündigen nicht und sind deshalb auch nicht in Gefahr für ihr Seelenheil. Das ergibt sich daraus, dass diese Menschen schon auf dem Weg der Gebote Gottes sind. Und sollte einem solchen Menschen zufällig ein derartiger Erlass einmal nicht erteilt werden, stünde er ihm dennoch zu, wie der Papst sagt. Hier aber meldet sich das oberscharfsinnige Genie einiger Leute, die sagen: Dies wäre wahr, wenn die kanonischen Strafen nur vom Papst festgesetzt wären; nun aber seien die kanonischen Vorschriften Bekundungen der von Gott auferlegten Strafen. So zu reden kommt solchen Leuten zu, die sich ein für allemal vorgenommen haben, die Wahrheit mit beständigem Hass zu verfolgen.

Erstens verkündigen sie dort wie aus dem Orakel, dass Gott für die Sünden eine genugtuende Strafe fordere, und zwar eine andere als das Kreuz des Evangeliums (das heißt Fasten, Mühe und Arbeit, Wachen); auch eine andere als eine zurechtweisende. Diese Strafen verstehen sie nämlich nicht darunter, weil sie nicht leugnen können, dass diese von niemandem als nur von Gott erlassen werden.

Zweitens. Dieser Ungeheuerlichkeit fügen sie noch eine größere hinzu: dass die kanonischen Bußvorschriften nur erklärten, die Strafe sei von Gott auferlegt; also hat der Papst nichts zu tun als zu erklären, niemals aber Strafen aufzuerlegen oder auch zu erlassen. Andernfalls lehrten sie uns ja gegen Christi Wort so: Was ich binden werde, sollst du lösen [vgl. Mt 16,19].

Siebenunddreißigste These

Jeder wahre Christ, lebend oder tot, hat, ihm von Gott geschenkt, teil an allen Gütern Christi und der Kirche, auch ohne Ablassbriefe.

Es ist unmöglich, Christ zu sein, wenn man Christus nicht hat. Hat man aber Christus, hat man zugleich alles, was Christi ist. Denn so sagt der heilige Apostel Röm 13,14: Zieht an den Herrn Jesus Christus. Und Röm 8,32: Wie sollte er uns mit ihm nicht alles schenken? Und 1 Kor 3,21 f.: Alles ist euer; es sei Kephas oder Paulus, es sei Leben oder Tod. Und 1 Kor 12,27: Ihr seid nicht euer, sondern Glieder untereinander. Und so an anderen Stellen, wo er beschreibt, dass wir alle in Christus *ein* Leib, *ein* Brot und einer des anderen Glied sind [1 Kor 10,17]. Und im Hohenlied: Mein Freund ist mein, und ich bin sein [Hld 2,16] – weil durch den Glauben an Christus ein Christ ein Geist und eins wird mit Christus. Denn es werden die zwei ein Fleisch sein [1 Mose 2,24]. Das Geheimnis ist groß; ich deute es aber auf Christus und die Gemeinde [Eph 5,31 f.]. Da nun der Geist Christi in den Christen ist, durch den sie Christi Brüder, Miterben [Röm 8,17], ein Leib mit ihm sind und seine Bürger werden – wie sollte da nicht eine Gemeinschaft aller Güter Christi bestehen? Denn auch Christus hat aus demselben Geist all das Seine. Also geschieht es durch die unschätzbaren Reichtümer der Barmherzigkeit Gottes des Vaters, dass sich ein Christ rühmen und mit Zuversicht sich in Christus alles aneignen kann: dass Christi Gerechtigkeit, Kraft, Geduld, Demut und alle seine Verdienste auch sein eigen sind durch die Einheit des Geistes im Glauben an ihn. Wiederum sind alle seine Sünden nicht mehr sein, sondern Christi durch dieselbe Einheit, in der auch alles verschlungen wird. Und das ist das herzliche Vertrauen der Christen und die Fröhlichkeit unseres Gewissens: Durch den Glauben werden unsere Sünden nicht unser, sondern Christi, auf den Gott unser aller Sünden geworfen hat [Jes 53,12], und er hat unsere Sünden getragen [Jes 53,6]. Er ist das Lamm Gott, welches der Welt Sünde trägt [Joh 1,29]. Wiederum wird alle Gerechtigkeit Christi die unsere. Denn er legt seine Hand auf uns, so werden wir gesund [Mk 5,23], und er breitet sein Gewand über uns [Rut 3,9] und bedeckt uns, der hochgelobte Heiland in Ewigkeit. Amen.

Wenn aber diese allersüßeste Gemeinschaft und dieser fröhliche Wechsel nur durch den Glauben geschieht, diesen aber der Mensch nicht geben und auch nicht wegnehmen kann, dann ist es, glaube ich, klar genug, dass durch die Kraft der Schlüssel oder die Wohltat der Ablassbriefe diese Gemeinschaft nicht gegeben wird, sondern vielmehr *vor* ihnen und *ohne* sie wird sie allein von Gott gegeben, als Vergebung vor der Vergebung, als Absolution vor der Absolution, als Gemeinschaft vor der Gemeinschaft.

Was also teilt uns der Papst durch seine Mitteilung mit? Ich antworte: Sie würden sagen, wie oben in der sechsten These vom Erlass gesagt ist, er mache uns erklärend[6] teilhaftig.[7] Denn ich bekenne, dass ich nicht verstehe, wie sie es anders sagen können. Meine Meinung will ich in der folgenden These darlegen.[8]

Zweiundsechzigste These

Der wahre Schatz der Kirche ist das heilige Evangelium der Herrlichkeit und Gnade Gottes.

Das Evangelium Gottes ist bei einem großen Teil der Kirche eine ziemlich unbekannte Sache. Deshalb muss man etwas ausführlicher davon reden. Denn Christus hat auf der Welt nichts hinterlassen als das Evangelium. Daher hat er auch seinen berufenen Knechten nichts anvertraut als Pfunde, Zentner, Geld oder Groschen [Mt 25,14–30; Lk 19,12–27], um mit diesen Worten für Schätze zu verstehen zu geben, dass er selbst der wahre Schatz ist. Und Paulus

---

6 Lateinisch: *declarative*.
7 Luther hatte in der Auslegung der 6. These (WA 1, 539) seiner Besorgnis Ausdruck verliehen, wie das Verhältnis zwischen Gott und dem Priester bzw. dem Papst nach Mt 16,18 f. richtig zu bestimmen sei.
8 In der *resolutio* zu These 38 (WA 1, 593,39–596,39).

sagt, er sammle Schätze für seine Kinder [2 Kor 12,14]. Und Christus spricht von einem verborgenen Schatz im Acker [Mt 13,44], und eben dies, dass er verborgen ist, macht, dass er zugleich auch verachtet ist.

Es ist aber das Evangelium nach dem Apostel Paulus [Röm 1,3 f.] eine Predigt von dem Sohn Gottes, der Mensch geworden und uns ohne unser Verdienst zum Heil und zum Frieden geschenkt ist. Es ist das Wort des Heils, das Wort der Gnade, das Wort des Trostes, das Wort der Freude, die Stimme des Bräutigams und der Braut [Hld 2,8.14; 5,2], das gute Wort, das Wort des Friedens. Wie Jesaja sagt: Wie lieblich sind auf den Bergen die Füße der Freudenboten, die da Frieden verkündigen, Gutes predigen, Heil verkündigen [Jes 52,7]. Das Gesetz aber ist das Wort des Verderbens, das Wort des Zorns, das Wort der Traurigkeit, das Wort des Schmerzes, das Wort des Richters und des Angeklagten, das Wort der Unruhe, das Wort des Fluchs. Denn nach dem Apostel ist das Gesetz die Kraft der Sünde [1 Kor 15,56], und das Gesetz richtet Zorn an [Röm 4,15]. Es ist ein Gesetz des Todes. Denn durchs Gesetz haben wir nur ein schlechtes Gewissen, ein unruhiges Herz, eine angstvolle Brust im Angesicht unserer Sünden, die das Gesetz uns zeigt und nicht wegnimmt und die auch wir nicht wegnehmen können.

So kommt also das Licht des Evangeliums zu den Gefangenen und Traurigen und vollständig Verzweifelten und sagt: Fürchtet euch nicht [Jes 35,4]! Tröstet, tröstet, mein Volk [Jes 40,1]! Tröstet die Kleinmütigen [1 Thess 5,14]! Sehet da, euer Gott [Jes 35,4]! Siehe, das ist Gottes Lamm, das der Welt Sünde trägt [Joh 1,29]. Siehe, der ist es, der allein das Gesetz für euch erfüllt, der euch von Gott gemacht ist zur Weisheit und zur Gerechtigkeit und zur Heiligung und zur Erlösung [1 Kor 1,30], für alle, die an ihn glauben.

Wenn nun das sündige Gewissen diese allersüßeste Botschaft hört, lebt es wieder auf, es frohlockt im Siegestanz, voller Zuversicht; denn nun fürchtet es weder Tod noch – nunmehr mit dem Tod vertraut – alle Arten von Strafen noch selbst die Hölle. Deshalb haben die, die noch Strafen fürchten, Christus und die Stimme des Evangeliums noch nicht gehört, sondern mehr die Stimme des Mose.

Deshalb entspringt aus dem Evangelium die wahre Ehre Gottes, indem wir gelehrt werden, dass nicht durch unsere Werke, sondern durch die Gnade Gottes, der sich unser in Christus erbarmt, das Gesetz erfüllt ist und noch erfüllt wird; nicht durch Tun, sondern durch Glauben; nicht dadurch, Gott etwas darzubringen, sondern dadurch, von Christus alles zu empfangen und an ihm Anteil zu haben, aus dessen Fülle wir alle empfangen [Joh 1,16] und an der wir alle Anteil haben. – Davon anderswo mehr.

Dreiundsechzigste These

Er [dieser Schatz] ist aber aus gutem Grund ganz verhasst, denn er macht aus Ersten Letzte.

Das Evangelium zerstört nämlich, was etwas ist; es macht zuschanden, was stark ist, es macht zuschanden, was weise ist und macht sie zunichte, zu Schwachheit und zu Torheit, weil es Demut und Kreuz lehrt. So sagt Ps 9,6: Du schiltst die Heiden und bringst die Gottlosen um; ihren Namen vertilgst du auf immer und ewig. Aber vor dieser Richtschnur des Kreuzes schrecken alle zurück, die an allem irdischen und ihrem eigenen Tun Wohlgefallen haben und sagen: Das ist eine harte Rede [Joh 6,60]. Darum ist es kein Wunder, wenn das Wort Christi denen so abgrundtief verhasst ist, die sich schmeicheln, etwas zu sein an Weisheit, an Macht vor sich selbst und den Menschen und sich selbst die Ersten dünken.

Neunundachtzigste These

Vorausgesetzt, der Papst sucht durch die Ablässe mehr das Heil der Seelen als die Gelder – warum setzt er dann schon früher gewährte Schreiben und Ablässe außer Kraft, obgleich sie doch ebenso wirksam sind?

Diese Frage verzehrt mich und missfällt mir am meisten von allen, und, wie ich gestehe, aus triftigem Grund. Denn diese Aufhebung [der älteren Ablassbriefe] ist der einzige Grund, warum die Ablässe immer wertloser werden. Deshalb – wenn ich auch nicht bestreiten kann, dass man alles ertragen soll, was der Papst tut – bedaure ich doch, dass ich nicht beweisen kann, dass sein Tun das beste ist. Gleichwohl: Wenn ich von der Absicht des Papstes reden sollte, würde ich, kurz und im Vertrauen, sagen, man dürfe – von den geldgierigen Tagelöhnern abgesehen – das Beste von ihm erwarten.

Die Kirche bedarf einer Reformation, und die ist nicht das Werk eines einzigen Menschen, des Papstes, auch nicht vieler Kardinäle – wie beides das letzte Konzil[9] erwiesen hat –, sondern der ganzen Welt, ja, allein Gottes. Die Zeit für eine solche Reformation kennt aber allein der, der die Zeit geschaffen hat. Einstweilen können wir die Missstän-

9 Das V. Laterankonzil von 1512.

de, die so offenkundig sind, nicht leugnen. Die Schlüsselgewalt wird missbraucht und von Geldgier und Ehrgeiz ge-
knechtet. Die Flut hat sich in Bewegung gesetzt [vgl. Hab
3,10], und es steht nicht in unserer Macht, sie aufzuhalten.
Unsere Missetaten verklagen uns [Jer 14,7], und einem jeden wird seine eigene Rede zur Last [Gal 6,5].

Neunzigste These

Diese scharfen, heiklen Argumente der Laien allein mit Gewalt zu unterdrücken und nicht durch Gegengründe zu
entkräften, heißt, die Kirche und den Papst den Feinden
zum Gespött auszusetzen und die Christen unglücklich zu
machen.

So nämlich wird aus Schlechtem Schlimmeres, wenn
man etwas durch Schrecken unterdrückt. Wie viel besser
wäre es, wenn man uns lehrte, den Zorn Gottes recht zu
verstehen und für die Kirche zu beten und dies alles in der
Hoffnung auf eine künftige Reformation zu ertragen, als
dass wir es zwingen wollten, solch offenkundige Übel als
Tugenden erscheinen zu lassen und damit noch Schlimmeres heraufbeschwören. Denn wenn wir es nicht verdien-
ten, geplagt zu werden, ließe es Gott nicht zu, dass nur
Menschen in der Kirche herrschen; er würde uns Hirten
nach seinem Herzen geben, die uns statt Ablass ein Maß
Weizen zur rechten Zeit gäben [Lk 12,42]. Jetzt aber, wenn
es auch noch gute Hirten gibt, können sie doch nicht zur
rechten Wahrnehmung ihres Amtes kommen, so furchtbar
ist der Zorn des Herrn entbrannt [2 Chr 28,13].

An den geneigten und gebildeten Leser[10]

Du darfst nicht glauben, dass dies für dich veröffentlicht ist, lieber Leser[11] – doch wozu denn die Entschuldigung! –, als fürchtete ich, es käme dir ciceronianisch[12] vor. Du wirst anderswo etwas nach deinem Geschmack zu lesen bekommen. Mir kam es hier darauf an, mit meinesgleichen unsere Fragen, das heißt: unausgegorene und unkultivierte Dinge zu behandeln. So hat es dem Himmel gefallen. Und ich hätte es nicht gewagt, den Namen des Papstes in diesen meinen »Blasen« zu nennen, hätte ich nicht gesehen, dass meine lieben Freunde sich allen Ernstes auf den Schrecken, der von ihm ausgeht, verlassen; und außerdem, weil es die eigentliche Amtspflicht des Papstes ist, ein Schuldner zu sein der Weisen und der Nichtweisen, der Griechen und der Nichtgriechen [Röm 1,14]. – Lebe wohl.

10 »Ad candidum lectorem et eruditum«.
11 »erudite et candide lector«.
12 Mit einer solchen Bemerkung bzw. Entschuldigung wendet sich Luther an humanistisch gebildete Leser, die er für seine Sache zu gewinnen sucht.

JOHANNES TETZEL

Widerlegung, gemacht von Bruder Johannes Tetzel
aus dem Predigerorden[1], Ketzermeister, gegen einen
vermessenen Sermon von zwanzig irrigen Artikeln,
den päpstlichen Ablass und die Gnade betreffend,
allen gläubigen Christenmenschen nötig zu wissen.
1518 (Auszug)

Damit die gläubigen Christenmenschen durch eine Predigt
von zwanzig irrigen Artikeln – vermessen gemacht – gegen
die Teile des Sakraments der Buße und gegen die Wahrheit
des Ablasses, der jüngst in der Fastenzeit erschienen und
im Druck ausgegangen ist – der Titel dieser Predigt lautet
wie folgt: Ein Sermon von dem Ablass und Gnade usw.
und fängt nach diesem Titel so an: Zum Ersten sollt ihr
wissen, dass etliche neue Lehrer wie der Sentenzenmeister[2]
usw. und im zwanzigsten Artikel so endet: Doch Gott gebe
ihnen und uns rechten Sinn ... – nicht geärgert und verführt werden, habe ich, Bruder Johannes Tetzel, aus dem
Predigerorden, Ketzermeister[3] usw. diesen Sermon der
zwanzig irrigen Artikel mit seinem Titel, Anfang und
Schluss nachdrucken lassen und widerlege jeden Artikel
des genannten Sermons mit sicherer Begründung aus der
Heiligen Schrift, wie jedermann im Folgenden verstehen
und beurteilen wird, unangesehen der Tatsache, dass im
neunzehnten Artikel des genannten Sermons geschrieben

1 Dominikanerorden (Ordo Praedicatorum), gegründet von Domi-
  nikus (um 1170–1221).
2 Petrus Lombardus, »magister sententiarum« (um 1095–1160).
3 Inquisitor, Ketzerverfolger.

steht: Und lass die Schullehrer Schullehrer sein, sie sind allesamt nicht genug mit ihren Meinungen, dass sie eine einzige Predigt bekräftigen könnten – über welche Worte kein Christenmensch sich ärgern soll. Denn sollte der Sermon der zwanzig irrigen Artikel Eindruck machen bei den Menschen, dann müsste sein Schreiberling zuvor die Schullehrer, die in ihren Schriften alle einträchtig gegen ihn sind, aus dem Weg räumen.

Der heilige Augustin[4] sagt: Wenn man gegen die Ketzer disputieren will, tut man das vornehmlich durch Autoritäten, das heißt, aus der Heiligen Schrift und schriftgemäßen Aussagen von bewährten Lehrern. Wenn man gläubige Christenmenschen unterweisen will, geschieht das vornehmlich durch *rationes*, das heißt, durch vernünftige Gründe und Lehren. Das wissen die Ketzer, wenn sie einen ketzerischen Irrtum unter das Volk bringen wollen. Deshalb verwerfen und verachten sie zuvor alle Lehrer, die öffentlich gegen ihren Irrtum geschrieben haben, so wie es auch Wyclif[5] und Johannes Hus[6] getan haben. Dieser Johannes Hus hat nicht allein die Genugtuung für die Sünde, sondern auch die sakramentale Beichte für unnötig gehalten und das dem Volk eingeprägt. Deshalb hat ihn das heilige allgemeine Konzil von Konstanz zum Feuertod verurteilt.

Weil denn in der genannten irrigen Predigt der zwanzig Artikel ähnliche Wege beschritten werden, wenn der Sentenzenmeister mitsamt mehreren tausend Lehrern, von

4 Augustinus von Hippo (354–430).
5 John Wyclif (vor 1330–1384), englischer Theologe und Kirchenreformer.
6 Auf dem Konzil zu Konstanz (1414–18) wurde Jan Hus (geb. um 1369) als Ketzer verurteilt und am 6. Juli 1415 verbrannt.

denen viele unter die lieben Heiligen gezählt werden, in dem irrigen Sermon verachtet werden, unangesehen der Tatsache, dass die heilige römische Kirche es mit ihnen hält in Bezug auf die drei Teile der Buße, sie auch nicht getadelt, sondern alle für bewährt angenommen hat, man auch nie gehört oder bewiesen hat, dass sie gegen die Heilige Schrift und die vier Kirchenlehrer[7] auch nur in einem Wort abweichend geschrieben haben, sondern als treue Ausleger der Heiligen Schrift und der alten Lehrer anerkannt sind – deshalb ist allgemein zu verstehen und soll auch dafür gehalten werden von allen gläubigen Christenmenschen, dass diese nachfolgenden Artikel der vermessenen Predigt verdächtig, irrig, ganz und gar verführerisch sind und der heiligen christlichen Kirche entgegen, wie ich das denn im Folgenden an jedem einzelnen Artikel je für sich und gut begründet mit Gottes Hilfe beweisen will.

Stelle das der Erkenntnis Päpstlicher Heiligkeit, der ganzen christlichen Kirche und aller Universitäten anheim.

Ein Sermon von Ablass und Gnade usw. Dessen erster irriger Artikel lautet wie folgt: Zum Ersten sollt ihr wissen, dass etliche neue Lehrer, etwa der Sentenzenmeister, der heilige Thomas[8] und ihre Schüler, die Buße in drei Teile teilen: Reue, Beichte und Genugtuung. Und obwohl diese Unterscheidung ihrer Meinung nach kaum oder so gut wie gar nicht in der Heiligen Schrift begründet gefunden wird

---

7 Ambrosius von Mailand (339–397), Augustinus (345–430), Hieronymus (347–420) und Gregor der Große (reg. 590–604), von Papst Bonifaz VIII. 1295 als Kirchenlehrer proklamiert.

8 Thomas von Aquin (1225–1274), Dominikaner, 1323 heiliggesprochen.

und auch nicht in den alten heiligen christlichen Lehrern, wollen wir das jetzt doch so bleiben lassen und nach ihrer Weise reden.

Widerlegung: Dieser irrige Artikel wird folgendermaßen christlich und mit sicherer Begründung widerlegt: Erstens ist er irrig und unbegründet, denn er gibt an, dass die drei Teile der Buße in der Heiligen Schrift und in den alten christlichen Lehrern nicht begründet sind. Das ist gelogen, denn die Heilige Schrift, die alten und neuen heiligen Lehrer, von denen es viele tausend gibt, halten es so fest, dass der allmächtige Gott für die Sünde Erstattung und Genugtuung haben will. Denn Christus unser Herr gebietet im Evangelium den Sündern: Tut gleichwertige Früchte der Buße.[9] Dieses Wort wird von allen heiligen Lehrern auf der ganzen Welt als hinreichende Buße ausgelegt und vernommen. Deshalb hat auch Gott seinen eingeborenen Sohn für die Genugtuung der Sünde der Menschen in die Welt gesandt; unangesehen der Tatsache, dass Adam und Eva die Sünde aufs Höchste bereut haben und deshalb aus dem Paradies in die Buße getrieben wurden. Dass aber der Herr Jesus Maria Magdalena, die Ehebrecherin[10] und den Gichtbrüchigen[11] ohne Auferlegung irgendeiner Buße von allen Sünden befreit hat, hat gar nichts damit zu tun, dass Gott vom Sünder allein die Reue und das Tragen des Kreuzes begehrt. Denn Christus hat erkannt, dass die Reue der Genannten groß genug war, die er auch ihnen selbst gab, und

9 Mt 3,8.
10 Lk 7,37–51; Joh 8,1–11.
11 Mt 9,1–8; Mk 2,1–12; Lk 5,18–26.

er entband sie durch die Gewalt des Schlüssels *excellentie*, das heißt, die Macht der Vollkommenheit, während die Priester aber die Reue der Menschen nicht erkennen und ihnen auch nicht geben können und nur den Schlüssel der Dienstbarkeit haben. Deshalb gilt: Wie sehr der Mensch die Sünde bereut und das Kreuz trägt – wenn er die Beichte oder Genugtuung als Teil des Sakraments der Buße verachtet, wird ihm die Strafe für seine Sünde niemals vergeben werden.

Stelle das der Erkenntnis des Heiligen Päpstlichen Stuhls, aller christlichen Universitäten und Doktoren anheim.

[...]

Der fünfte irrige Artikel des Sermons lautet wie folgt: Zum Fünften. Bei vielen ist eine große und noch unentschiedene Ansicht, ob der Ablass auch mehr wegnimmt als diese auferlegten guten Werke, das heißt, ob er auch die Strafe, die die göttliche Gerechtigkeit für die Sünde fordert, wegnimmt.

Widerlegung. Der wird folgendermaßen christlich widerlegt: Erstens ist er ganz irrig und trügerisch, denn der vollkommene Ablass nimmt auch die Strafe weg, die die göttliche Gerechtigkeit für die Sünden, wenn sie denn bereut und gebeichtet sind und vom priesterlichen Stand nicht hinreichend auferlegt, erfordert. Denn die Päpstliche Heiligkeit folgt Sankt Peter auf dem Stuhl und im päpstlichen Amt, deshalb hat sie auch die gleiche Gewalt und Macht wie Sankt Peter, von allen Sünden zu entbinden. Und die hat sie aus den Worten des Herrn: Alles, was du auf Erden binden wirst, soll im Himmel gebunden sein usw.[12] Weil der Papst alle Sünde vergeben kann, kann er auch durch den Ablass alle Sündenstrafen vergeben. Denn alle Strafen, die die Menschen für ihre Sünde zu ertragen schuldig sind, werden vornehmlich und zuerst von Gott, gegen den sich alle Todsünden richten, dem Sünder auferlegt und zuerkannt.

Zweitens und folglich wird die Strafe dem Sünder an Gottes Statt vom priesterlichen Amt auferlegt. Dieses soll sich mit größtem Eifer in der Auferlegung der Buße im Sinne der göttlichen Gerechtigkeit verhalten, die die Kapitel der Rechte, die *canones penitentiales*[13], anordnen. Deshalb soll niemand es für möglich halten, dass der Ablass die Strafe, die die göttliche Gerechtigkeit für die bereuten und gebeichteten und vom Priester nicht hinreichend sanktionierten Sünden fordert, nicht wegnimmt. Denn die heilige römische Kirche hält das im Brauch, ebenso alle christlichen Lehrer, von denen es viele tausend gibt und die in diesem Punkt von der römischen Kirche nie verworfen wurden. Deshalb ist der Artikel irrig und beabsichtigt, die Menschen zu verführen.

Stelle das der Erkenntnis des Heiligen Römischen Stuhls, aller christlichen Universitäten und Doktoren anheim.

Der sechste irrige Artikel lautet wie folgt: Zum Sechsten. Lasse ich auch ihre Ansicht dieses Mal unwiderlegt, so sage ich doch: Dass man aus keiner Schriftstelle beweisen kann, dass die göttliche Gerechtigkeit von dem Sünder Strafe oder Genugtuung begehrt oder fordert, sondern allein sei-

12 Mt 16,18.
13 Bußkanones.

ne Reue, die ehrlich ist und von Herzen kommt, oder Bekehrung; mit der Absicht, hinfort das Kreuz Christi zu tragen und die oben genannten Werke (auch wenn sie von niemandem gefordert sind) zu tun. Denn so spricht Gott durch Ezechiel: Wenn sich der Sünder bekehrt und recht tut, so will ich seiner Sünde nicht mehr gedenken.[14] Ebenso hat er sie alle selbst von den Sünden befreit: Maria Magdalena, den Gichtbrüchigen, die Ehebrecherin[15] und andere. Und ich würde sehr gerne hören, wer das anders beweisen will, unangesehen der Tatsache, dass es etliche Lehrer so gemeint haben.

Widerlegung. Der wird folgendermaßen aufgrund der Heiligen Schrift widerlegt: Erstens ist er völlig irrig, unbegründet und verführerisch sowie dem Ablass zum Nachteil erfunden. Denn die Heilige Schrift, das Alte und Neue Testament, bezeugen, dass Gott für die Sünde Genugtuung fordert; das findet man in Deuteronomium 25.[16] Desgleichen sagen die alten heiligen christlichen Lehrer, besonders der heilige Gregorius in der 32. Laienpredigt oder Homilie: Der himmlische Arzt, unser Herr Jesus Christus, verordnet einem jeglichen Laster die passende Arznei.[17] Auch der heilige Augustin sagt: Gott hat niemandem die Erlaubnis zu sündigen gegeben, und er vergibt die Sünden, die getan sind, barmherzig, wenn die entsprechende und notwendige Genugtuung für die Sünde nicht unterlassen wird.[18]

14 Ez 18,21; 33,14 ff.
15 Vgl. Anm. 10 und 11.
16 Dtn 25,1 f.; 32,49.
17 Gregor der Große, *Homilia* 32 (25) *in Evangelia*; PL 76, 1252 ff.
18 Augustin, *Sermo de poenitentia* 351,10; PL 39, 1545 ff.

Gott vergab David den Ehebruch[19], jedoch musste er zur Genugtuung einen Krieg, Schmach von seinen Frauen und nach der Reue und der Beichte auch den Tod seines Kindes erleiden[20]. David hatte auch große Reue für die Sünde der Zählung seines Volkes, jedoch musste er Gott für eben diese Sünde zu der Reue Genugtuung leisten. Denn der Engel erschlug für ihn in Gottes Namen siebzigtausend Mann, wie es ausführlich im Buch der Könige steht.[21] Mit den Worten und Beweisen dieses sechsten Artikels haben vor Jahren die Ketzer Wyclif und Johannes Hus behaupten wollen, dass die Beichte und Genugtuung nicht nötig sind. Deshalb wird auch in vielen Ländern denjenigen, die beichten, keine Genugtuung vom Priester auferlegt, sondern er sagt ihnen: Geht hin und habt den Willen, nicht mehr zu sündigen.[22] Dieser Artikel ist irrig und nicht zu glauben.

Stelle das der Erkenntnis Päpstlicher Heiligkeit und des Heiligen Stuhls zu Rom, aller christlichen Universitäten und Doktoren anheim.

[...]

Der elfte Artikel lautet wie folgt: Zum Elften. Wenngleich die im geistlichen Recht festgesetzte Buße jetzt noch gälte, wonach für eine jede Todsünde sieben Jahre Buße auferlegt würden, müsste die Christenheit diese Gesetze dennoch fahren lassen und nicht mehr an Strafe auferlegen, als für einen Menschen zu tragen ist. Da sie jetzt aber nicht mehr

19 2 Sam 11,2 ff.
20 2 Sam 18–19.
21 2 Sam 24,1 ff.
22 Joh 8,11.

gelten, muss man umso mehr darauf achten, nicht mehr aufzuerlegen, als ein Mensch tragen kann.

Widerlegung. Dieser Artikel wird, insofern er unbegründet vorgetragen ist, folgendermaßen widerlegt: [...] Wer die auferlegte Buße nach den geistlichen Rechten nicht einhält, muss etwas anderes ertragen, das Gottes Gerechtigkeit als gleichermaßen würdige Früchte der Buße annimmt. Es muss auch der Priester, wenn er den Sünder entbindet, nicht allein die Reue ansehen, wenn er ihm eine Bußleistung für bereute und gebeichtete Sünden auferlegen will, sondern auch das Maß der Buße, das in den Bußgesetzen zum Ausdruck gebracht worden ist, treu beherzigen, damit er der göttlichen Gerechtigkeit, die von den Gesetzen angeordnet wird, so weit wie möglich nicht entgegenhandelt, wie das heilige Recht besagt. Und wenn er die Reue und die auferlegte Genugtuung recht erwogen hat, soll er dem Sünder in der Beichte Leistungen zur Genugtuung auferlegen. So und nicht nach ihrem Gutdünken müssen die Priester in der Beichte dem Sünder für bereute Sünden die Bußleistungen auferlegen. Diese Auferlegung der Bußleistungen vom Priester in der Beichte dient dem entbundenen Sünder dazu, dass er nicht sündigt, wenn er die im Recht festgelegte Buße für seine Sünde für ausgeführt hält. Legt jedoch der Priester zu wenig Buße auf, wird Gott das hier ausstehende Maß in jener Welt vom Menschen einfordern. Wer die Menschen anders lehrt, der verführt sie.

Stelle das der Erkenntnis des Heiligen Päpstlichen Stuhls, aller christlichen Universitäten und Doktoren anheim.

[...]

Der sechzehnte irrige Artikel lautet wie folgt: Zum Sechzehnten. Viel besser ist das Werk, das einem Bedürftigen erwiesen, als das, das zum Bau gegeben wird, auch viel besser als der Ablass, der dafür gegeben wird, selbst. Denn wie gesagt: Es ist besser ein gutes Werk getan als viel erlassen. Ablass aber ist Erlass vieler guter Werke oder ist nichts nachgelassen.

Ja, dass ich euch recht unterweise, so merkt auf: Du sollst vor allen Dingen – ohne Rücksicht auf den Bau von Sankt Peter oder einen Ablass – deinen nächsten Armen etwas geben, wenn du etwas geben willst. Wenn es aber dahin kommt, dass niemand in deiner Stadt mehr der Hilfe bedarf – was, so Gott will, niemals geschehen wird –, dann sollst du, wenn du willst, an die Kirchen für Altäre, Zierde, Kelche, die in deiner Stadt sind, etwas geben, wenn du etwas geben willst. Und wenn auch das nicht mehr nötig ist, dann, aber auch erst dann, kannst du, wenn du willst, für den Bau von Sankt Peter oder anderswo etwas geben. Dennoch sollst du auch das nicht um Ablasses willen tun, denn Paulus spricht: Wer seinen Hausgenossen nicht wohl tut, ist kein Christ und schlimmer als ein Heide.[23] Und sei ganz gewiss: Wer dir etwas anderes sagt, der verführt dich oder sucht deine Seele in deinem Geldbeutel, und fände er einen Pfennig darin, wäre ihm das lieber als alle Seelen.

Wenn du nun sagst: Dann werde ich nimmermehr Ablass kaufen, antworte ich: Das habe ich schon oben gesagt, dass es mein Wunsch und Wille, meine Bitte und mein Rat ist, dass niemand Ablass kauft. Lass die faulen und schläfrigen Christen Ablass kaufen, gehe du deines Wegs.

23 1 Tim 5,8.

Widerlegung. Der wird folgendermaßen christlich widerlegt: Erstens ist er unbegründet und ganz finster, denn es wird in ihm das eine angesprochen und das andere verschwiegen. Denn einem armen Menschen Almosen geben, ist besser zur Vermehrung des Verdienstes um die Seligkeit. Jedoch Kauf des einen vollkommenen Ablasses, ja, jeder Art von Ablass, ist besser zur schnellen Genugtuung für die Sündenstrafen. Es soll auch jedermann wissen, dass Ablasskauf ein Werk der Barmherzigkeit ist. Denn wer Ablass kauft, der erbarmt sich über seine Seele und gefällt dadurch Gott wohl. Deshalb zieht dieser Artikel den falschen Schluss, wenn er behauptet, dass Ablasskauf kein Werk der Barmherzigkeit ist, und schließt am Ende ganz unchristlich, dass Ablass eine Unterlassung vieler guter Werke ist. Denn er erhärtet das mit keiner Stelle aus der Heiligen Schrift, es wird auch niemals eine gefunden werden, mit der das bekräftigt werden kann, angesichts dessen, dass der, der Ablass verdient, in Gottes Liebe sein muss; und wo die im Menschen ist, da geschehen viele gute und große Werke.[24] Es ist auch dieser irrige Artikel gegen den Inhalt aller Bullen und Ablassurkunden, die alle gemeinsam anzeigen, dass Ablass darum gegeben wird, dass die Menschen dadurch zur Reue und Beichte und zu guten Werken gezogen werden. Deshalb ist dieser irrige Artikel auch ganz und gar zu missbilligen.

Stelle das der Erkenntnis des Heiligen Römischen Stuhls und aller christlichen Universitäten und Doktoren anheim.

Es besagt auch dieser Artikel, dass die Menschen in dem irrigen Sermon richtig unterwiesen werden, was der Wahr-

24 Vgl. Gal 5,6.

heit ganz ungemäß ist. Denn es wird in diesem Artikel gewünscht, darum gebeten und geraten, dass niemand Ablass kaufen soll, und dieser Rat ist für die Seligkeit nicht hilfreich. Der Artikel behauptet auch, dass allein faule und schläfrige Menschen Ablass kaufen sollen. Mit diesem Rat wird die Christenheit erbärmlich verführt, angesichts dessen, dass ein Mensch für sich viel besser daran tut, wenn er Ablass verdient, den er braucht, als wenn er einem Armen Almosen gibt, weil dieser Arme nicht in höchster Todesnot ist. Denn das Almosen oder das gute Werk, mit dem der Mensch Ablass verdient, ist ebenso gut verdienstlich zum ewigen Leben – weil es aus Liebe zu Gott geschieht – wie das Almosen, das einem Armen gegeben wird. Dazu kommt: Weil der Mensch durch den Ablass, den er mit Almosengeben verdient, sich schnell und eilends der Strafe, die er für seine Sünde zu leiden schuldig ist, entzieht, ist es für ihn besser, Ablass zu verdienen, als armen Leuten, die nicht in der letzten Todesnot sind, Almosen zu geben. Es sagt auch der Herr Jesus in Lukas 11: Was übrig ist, davon gebt Almosen[25], vornehmlich denen, die nicht in der letzten Todesnot sind; denen aber, die in der letzten Todesnot sind, gebietet Gott, Almosen zu geben, auch von den Gütern, die der Mensch zum Erhalt seiner Natur und seines Standes braucht. Deshalb wird Paulus in diesem Artikel unpassenderweise zitiert. Denn Paulus sagt: Wer seinen Hausgenossen nicht wohltut, ist kein Christ und schlimmer als ein Heide. Er verbietet aber nicht, dass der Mensch sich selbst eher etwas Gutes tun soll als seinen Hausgenossen, die nicht in Todesnot sind. Es soll auch ein jeder im Almosengeben die

25 Vgl. Lk 11,41.

Ordnung der Liebe einhalten, und zwar so, dass er sich selbst eher helfe als seinen Nächsten, wie bereits ausgeführt. Deshalb sollen die gläubigen Christenmenschen den bloßen, nackten, unbegründeten Worten dieses Artikels keinen Glauben schenken, denn er wird mit keinem belastbaren Argument aus der Heiligen Schrift erhärtet.

Stelle das der Erkenntnis des Heiligen Römischen Stuhls und aller christlichen Universitäten und Doktoren anheim.

Der siebzehnte irrige Artikel lautet wie folgt: Zum Siebzehnten. Der Ablass ist nicht geboten, auch nicht geraten, sondern unter den Dingen, die zugelassen und erlaubt werden. Darum ist er nicht ein Werk des Gehorsams, auch nicht verdienstlich, sondern ein Auszug aus dem Gehorsam. Darum – obwohl man niemandem verwehren soll, ihn zu kaufen – sollte man doch alle Christen davon abhalten und ihnen zu Werken und Strafen, die nachgelassen werden, Anreiz geben und sie stärken.

Widerlegung. Der wird christlich folgendermaßen widerlegt. Es ist wahr: Es wird nicht geboten, Ablass zu kaufen; es wird aber von der Päpstlichen Heiligkeit, von den heiligen allgemeinen Konzilen, von allen frommen Prälaten der heiligen Kirche, die Ablass erteilen, wärmstens empfohlen – wegen der Übung guter Werke, Gott zu Ehren und der Christenheit zugute und den Menschen zum Verdienst, weil er gute Werke um des Ablasses willen tut, auch dem Menschen zugute, damit er von der Strafe erlöst wird, die er für seine Sünde erleiden müsste, wie oben erwähnt. Deshalb zählt der Ablass nicht zu den Dingen, die nur zugelassen und erlaubt werden. Es besagt dieser Artikel auch, dass Ablass verdienen kein verdienstliches Werk ist, sondern ein Auszug aus dem Gehorsam, der in Ewigkeit ebenso wenig wie alle anderen Artikel mit irgendeiner Stelle aus der Heiligen Schrift bewiesen werden kann. Denn die mit Ablass begnadeten Werke sind immer besser als dieselben Werke, die ohne Ablass, wenn auch in gleicher Liebe vollbracht werden. Deshalb ist dieser Artikel gegen die Freiheit des Heiligen Römischen Stuhls. Denn Gott hat die Herrschaft über die Dinge, die dem Menschen zur Seligkeit dienen, seinem Statthalter, dem Papst, und dem Heiligen Stuhl übertragen.

Stelle das der Erkenntnis des Heiligen Römischen Stuhls und aller christlichen Universitäten und Doktoren anheim.

Der achtzehnte irrige Artikel lautet wie folgt: Zum Achtzehnten. Ob die Seelen durch den Ablass aus dem Fegfeuer gezogen werden, weiß ich nicht und glaube das auch nicht, obwohl etliche neue Lehrer das sagen. Aber es ist unmöglich zu beweisen, außerdem hat es die Kirche noch nicht beschlossen. Darum ist es, um höhere Gewissheit zu bekommen, viel besser, dass du für sie selbst bittest und wirkst – denn das ist bewährter und gewiss.

Widerlegung. Der wird folgendermaßen christlich widerlegt: Erstens ist er voll Arglist, denn er besagt, dass die Kirche nicht beschlossen habe, dass die Seelen durch Ablass aus dem Fegfeuer erlöst werden können, wo doch die heilige römische Kirche den Brauch hat, dass die Seelen durch den Ablass aus dem Fegfeuer erlöst werden. Es gibt auch sehr viele Altäre, Kirchen und Kapellen in Rom, wo man Seelen erlöst, wenn dort Messen gehalten oder andere gute

Werke getan werden. Das kommt daher, dass die Päpste an diesen Orten einen vollkommenen Ablass gegeben haben, um die Seelen zu erlösen, wenn man dort Messe liest oder andere gute Werke tut, wie es in Rom in Übung ist. Diese Erlösung der Seelen ließe der Papst und die römische Kirche in dieser Form in Rom nicht zu, wenn sie nicht wohlbegründet wäre. Denn der Papst und der Heilige Stuhl der römischen Kirche, auch das Papstamt irren nicht in den Dingen, die den Glauben betreffen. Nun betrifft der Ablass auch den Glauben, denn wer nicht glaubt, dass der Papst den Ablass und auch den vollkommenen Ablass den Lebenden und den Toten – wenn sie in Gottes Liebe sind – erteilen kann, der hält dafür, dass der Papst die vollkommene Gewalt von dem Herrn Christus über die gläubigen Christenmenschen nicht empfangen hat. Das ist gegen das heilige Kirchenrecht. Es vermeldet auch dieser Artikel, dass etliche neue Lehrer sagen, dass die Seelen aus dem Fegfeuer durch den Ablass erlöst werden können, aber es sei ihnen unmöglich, das zu beweisen. Dazu muss man wissen, dass die heiligen neuen Lehrer das sehr wohl bewiesen haben und deshalb von der heiligen römischen Kirche nie verdammt worden sind. Darum müssen sie es gut bewiesen haben, insbesondere der Heilige Thomas, dessen Lehren, die den Glauben und die Seligkeit betreffen, die Päpste Urban[26] und Innozenz[27] als christlich und bewährt angenommen und approbiert haben; es hat sie auch seither kein Papst verdammt. Insofern nun die Lehre des Heiligen Thomas als christlich angenommen wird, ist dieser Artikel in

26 Urban IV. (1261–64).
27 Innozenz VI. (1352–62).

Hinsicht auf seine Wahrheit verdächtig. Es sagt auch der Heilige Hieronymus: Insofern die Päpstliche Heiligkeit, weil sie den Stuhl und den Glauben des Petrus innehat, für recht und gut annimmt, dass derjenige, der seinen Glauben bestreitet, beweist, dass er entweder für unerfahren oder für boshaft oder für einen Ketzer gehalten werden muss[28], ist auch derjenige für einen solchen zu halten, der den Heiligen Thomas als unglaubwürdig in der Lehre, die er vom christlichen Glauben schreibt, Lügen straft.

Stelle das der Erkenntnis des Heiligen Päpstlichen Stuhls und aller christlichen Universitäten und Doktoren anheim. [...]

Der zwanzigste irrige Artikel lautet endlich wie folgt: Zum Zwanzigsten. Wenn mich nun auch etliche einen Ketzer schelten – denn diese Wahrheit ist für den Ablasskasten sehr schädlich –, schert mich doch ein solches Geplärr nicht, zumal das niemand anders tut als Finsterhirne, die die Bibel nie gerochen, die christlichen Lehrer nie gelesen, ihre eigenen Lehrer nie verstanden haben, sondern in ihren löchrigen und zerrissenen Schulmeinungen geradezu untergehen. Denn hätten sie die verstanden, so wüssten sie, dass sie niemanden beschuldigen sollten, der weder verhört noch widerlegt worden ist. Aber Gott gebe ihnen und uns den rechten Sinn und Verstand. Amen.

Widerlegung. Der wird dermaßen christlich und wohlbegründet widerlegt: Erstens ist er ganz irrig und erfordert – ohne ein löchriges Hirn – zu wissen, wer ein Ketzer ist.

---

28 Hieronymus, *Epistula ad Damasum* 15; CSEL 54, 62 ff.

Dadurch werde ich, Bruder Johann Tetzel vom Dominikanerorden, genötigt, weitere Lehren und Thesen zu veröffentlichen, die ich auch in der löblichen Universität Frankfurt an der Oder zu disputieren und an einem noch zu bestimmenden Tag, mit göttlicher Hilfe, christlich zu behaupten gedenke. In diesen wird, wenn man diese meine Schrift und meine früher veröffentlichten Thesen und den Sermon der zwanzig irrigen Artikel, auch die Thesen, deren Titel mit den Worten beginnt: *Amore et studio elucidandae veritatis*[29], in denen die letzte These so lautet: *Ac si magis per multas tribulationes intrare celum quam per securitatem pacis confidant*[30] dagegenhält, jedermann lernen und erkennen, wer ein *haeresiarcha, haereticus, schismaticus, erroneus, temerarius, malesonans* etc., das heißt ein Erzketzer, ein Ketzer, ein Abtrünniger, ein Irriger, ein Frevler oder Lästermaul usw. im heiligen christlichen Glauben ist oder nicht. Daraus wird auch erkennbar werden, wer ein Finsterhirn ist, wer die Bibel nie gerochen, die christlichen Lehrer nie gelesen und seine eigenen Lehrer nie verstanden hat.

Stelle daher in der gewissen Zuversicht zur Wahrheit alle diese meine Widerlegungen und Thesen, die in dieser Angelegenheit von mir geschrieben sind, der Erkenntnis und dem Urteil der Päpstlichen Heiligkeit, der heiligen römischen Kirche, allen christlichen unverdächtigen Universitäten und Doktoren anheim. Und ich verpflichte mich, alles zu leiden, was mir zuerkannt werden sollte, es sei Kerker oder Gefangenenstock, Wasser oder Feuer. Mit treuer, christlicher, brüderlicher Mahnung, kein Christenmensch

29 Beginn der Überschrift über den 95 Thesen (s. S. 8).
30 Letzte der 95 Thesen (s. S. 30 f.).

solle hinfort dem Sermon der zwanzig irrigen Artikel und auch den Thesen, die mit den Worten beginnen: *Dominus et Magister noster Ihesus Christus dicendo penitentiam agite* etc.[31] und so enden: *Ac sic magis per multas tribulationes intrare celum* etc.[32] Glauben schenken. [...]

Denn Christus sagt selbst: Wer die Kirche nicht hört, der soll für dich wie ein Heide und Zöllner[33] sein. Und wenn derjenige, von dem der irrige Sermon der zwanzig Artikel gemacht und ausgegangen ist, dieser meiner Widerlegung etwas entgegenstellen oder machen würde, ohne Beweis aus der Heiligen Schrift, dem heiligen kanonischen Recht und den Kirchenlehrern oder ohne Erweis hinreichender Vernunftgründe und Argumente, soll kein Christenmensch sich darüber ärgern, denn es wäre Geschwätz. Und wenn dieses sein Machwerk öffentlich und schriftlich von ihm nicht der Erkenntnis der Päpstlichen Heiligkeit, des Heiligen Päpstlichen Stuhls und unverdächtiger Universitäten anheimgestellt würde, will ich wiederum dagegen nicht schreiben, sondern ihn aller Antwort und Widerlegung für unwürdig halten. Dafür protestiere ich hiermit öffentlich.

Gott zum Lob, den Menschen zur Seligkeit und dem Heiligen Päpstlichen Stuhl zu Ehren.

31 Anfang der ersten der 95 Thesen (s. S. 8).
32 Letzte der 95 Thesen (s. S. 30).
33 Mt 18,17.

MARTIN LUTHER

Wider Hans Worst. 1541 (Auszug)

Es geschah im Jahr 1517, dass ein Predigermönch namens Johannes Tetzel, ein großer Schreihals, den Ablass verkündete und Gnade für Geld verkaufte, so teuer oder wohlfeil, wie er es aus allen Kräften vermöchte. Zu der Zeit war ich Prediger hier [in Wittenberg] im Kloster und ein junger Doktor, frisch aus der Esse gekommen, hitzig und tatendurstig in der Heiligen Schrift.

Als nun Volk von Wittenberg nach dem Ablass nach Jüterbog und Zerbst lief und ich – so wahr mich mein Herr Christus erlöst hat – nicht wusste, was der Ablass sei, so wie es kein Mensch wusste, fing ich vorsichtig an zu predigen, man könnte wohl etwas Besseres tun, das gewisser sei, als Ablass zu kaufen.

Solch eine Predigt hatte ich auch zuvor hier auf dem Schloss gehalten gegen den Ablass, und bei Herzog Friedrich [Kurfürst Friedrich dem Weisen] damit schlechte Gnade verdient, denn er hatte sein Stift auch sehr lieb.

Nun, dass ich zur wirklichen Ursache des Lutherischen Lärmens komme, ließ ich alles so gehen, wie es ging. Indes kam vor mich, dass der Tetzel gräulich schreckliche Artikel gepredigt hatte, von denen ich hier etliche nennen will, nämlich:

– Er hätte solche Gnade und Gewalt vom Papst, dass wenn einer gleich die Heilige Jungfrau Maria, Gottes Mutter verletzt oder geschwängert hätte, so könnte er's vergeben, wenn derselbe in den Kasten legte, was sich gebührt.

- Das Rote Ablasskreuz, mit des Papstes Wappen in den Kirchen aufgerichtet, sei ebenso kräftig wie das Kreuz Christi.
- Wenn Petrus jetzt hier wäre, hätte er nicht größere Gnade noch Gewalt, als er habe.
- Er wollte im Himmel mit Petrus nicht tauschen, denn er hätte mit Ablass mehr Seelen erlöst als Petrus mit seinem Predigen.
- Wenn einer Geld in den Kasten legte für eine Seele im Fegfeuer – sobald der Pfennig auf den Boden fiele und klingelte, so führe die Seele heraus gen Himmel.
- Die Ablassgnade sei eben die Gnade, durch die der Mensch mit Gott versöhnt werde.
- Es sei nicht nötig, Reue noch Leid oder Buße für die Sünde zu haben, wenn einer den Ablass oder die Ablassbriefe kaufte – ich sollte sagen: löste. Und er verkaufte auch Ablass für künftige Sünden. Und solche Dinge trieb er schrecklich viele, und es war ihm alles ums Geld zu tun.

Ich wusste aber zu der Zeit nicht, wem dieses Geld zufallen sollte. Da ging ein Büchlein aus, ganz herrlich unter dem Wappen des Bischofs von Magdeburg, in dem viele dieser Artikel den Eintreibern zu predigen geboten wurden.

Da kam's heraus, dass Bischof Albrecht diesen Tetzel gedungen hatte, weil er ein großer Schreihals war.

Und er schicke diesen großen Beuteldrescher in die Länder. Der drosch auch weidlich drauf, dass es in Massen begann, in die Kästen zu fallen, zu springen, zu klingen.

Er vergaß aber sich selbst daneben nicht. Es hatte daran der Papst dennoch seinen Anteil gewahrt, dass die Hälfte dem Bau der Peterskirche in Rom zufallen sollte. Also gingen die Gesellen daran, mit Freuden und großer Hoffnung unter die Beutel zu schlagen und zu dreschen. Das, sage ich, wusste ich damals noch nicht.

Da schrieb ich einen Brief mit den Thesen an den Bischof zu Magdeburg[1], ermahnte ihn und bat, er solle dem Tetzel Einhalt gebieten und ihn abhalten, solche unschicklichen Dinge zu predigen. Es könnte Ärger daraus entstehen; dazu sei er als Erzbischof verpflichtet. Denselben Brief kann ich heute noch vorlegen.[2] Aber ich erhielt keine Antwort. Desgleichen schrieb ich auch dem Bischof zu Brandenburg, als dem Ortsbischof, an dem ich einen sehr gnädigen Bischof hatte. Darauf antwortete er mir, ich griffe die Gewalt der Kirche an und würde mir selbst Unannehmlichkeiten zuziehen; er riete mir, ich ließe davon ab. Ich kann mir wohl denken, dass sie alle beide gedacht haben, der Papst würde mir, einem solchen elenden Bettler, viel zu mächtig sein.

So gingen meine Thesen aus gegen die Tetzels Artikel, wie man im Druck wohl sehen kann. Dieselben liefen schier in vierzehn Tagen durch ganz Deutschland. Denn alle Welt klagte über den Ablass, besonders über Tetzels Artikel. Und weil alle Bischöfe und Doktoren stillschwiegen und niemand der Katze die Schelle anbinden wollte. Denn die Ketzermeister des Predigerordens hatten alle Welt mit dem Feuer in die Flucht gejagt, und Tetzel selbst hatte auch etliche Priester, die gegen seine freche Predigt aufgemuckt hatten, zum Rückzug gezwungen.

1 Luther an Albrecht von Mainz. 31. Oktober 1517 (s. S. 32–39).
2 Eine entsprechende Abschrift von seiner Hand bzw. aus Luthers Besitz ist nicht erhalten.

Da ward der Luther als ein Doktor gerühmt – und die Leute sagten, dass doch einmal einer gekommen wäre, der dreingriffe. Der Ruhm war mir nicht lieb, denn, wie gesagt, ich wusste selbst nicht, was das Ablass sei, und das Lied wollte meiner Stimme zu hoch werden.

Das ist der erste rechte gründliche Anfang des Lutherischen Lärmens.

Anhang

Zu dieser Ausgabe

Die vorliegende Ausgabe umfasst die wichtigsten Texte im Zusammenhang von Luthers »95 Thesen«. Das sind zunächst die Disputationsthesen selbst, die für eine Universitätsdisputation lateinisch abgefasst waren, sowie deren Übersetzung ins Deutsche.

Text und Übersetzung der 95 Thesen folgen der Ausgabe:

Martin Luther: Lateinisch-Deutsche Studienausgabe. Bd. 2: Christusglaube und Rechtfertigung. Hrsg. und eingel. von Johannes Schilling. Leipzig: Evangelische Verlagsanstalt 2006. (1) 2–15. – Übersetzung von Johannes Schilling und Reinhard Schwarz. © Evangelische Verlagsanstalt Leipzig, 2006.

Der lateinische Text folgt einem Einblattdruck von 1517, der der Werkstatt von Hieronymus Höltzel, Nürnberg 1517 (WA 1, 230: A; Benzing 87) zugewiesen wird. Verglichen wurde das Exemplar der Bibliotheca Bodmeriana (Fondation Martin Bodmer, Cologny; Abbildung in: *Spiegel der Welt. Handschriften und Bücher aus drei Jahrtausenden [...]*, Bd. 2, Marbach 2000 [Marbacher Kataloge 55], 104) sowie das der British Library, London (Abbildung in: *Martin Luther und die Reformation in Deutschland* [Ausstellungskatalog], Frankfurt a. M. 1983, 168). – Editionen: WA 1, 233–238; LDStA 2, 1–15.

Zum Verständnis des Textes unerlässlich ist Luthers Brief an Kardinal Albrecht vom 31. Oktober 1517 (s. S. 32–39). Nützlich ist zudem die Kenntnis der – hier nicht abgedruckten – *Instructio summarla* für das Erzbistum Magdeburg und das Bistum Halberstadt von 1517 (Text: *Dokumente zur Causa Lutheri (1517–1521) 1. Teil [...]*, hrsg. und komm. von Peter Fabisch und Erwin Iserloh, Münster 1988, 246–293; Auszüge auch in: *Dokumente zum Ablassstreit von 1517*, hrsg. von Walther Köhler, Tübingen ²1934, 104–123), auf die Luther implizit öfters rekurriert. – Weitere Einzelerläuterungen zum Text finden sich in Martin Luther, *Studienausgabe*, hrsg. von Hans-Ulrich Delius, Bd. 1, Berlin 1979, 176–185. – Eine Ausgabe des Textes mit ökumenischer Kommentierung befindet sich in Vorbereitung.

Luther übersandte seine Thesen am 31. Oktober 1517 an Erzbischof Albrecht von Mainz mit einem Begleitbrief. Die Edition dieses Briefs erfolgt nach dem Autograph im Riksarchivet in Stockholm. Edition: WA Br 1, 108–115, Nr. 48. Die Übersetzung erfolgt unter Verwendung meiner früheren Übersetzung in: Martin Luther, *Ausgewählte Schriften*, hrsg. von Karin Bornkamm und Gerhard Ebeling, Bd. 6: *Briefe*, Ausw., Übers. und Erl. von Johannes Schilling, Frankfurt a. M., 1982 [u. ö.], 16–19, Nr. 3.

Die Übersetzung des *Sermons von Ablass und Gnade* folgt dem Erstdruck: *Eynn Sermon von dem Ablasz vnnd gnade / durch den wirdigenn doctorem Martinum Luther Augustiner tzu Wittenbergk. Gedruckt tzu Wittenberg durch Ioannem Grunenbergk. Nach Christ geburt Tausent funffhundert vnd ym achtzehenden yar*, Wittenberg: Johannes Rhau-Grunenberg, 1518. Exemplar: Stuttgart, Württembergische Landesbibliothek, Theol. qt K 774. – Editionen: WA 1, (239) 243–246; DDStA 1, (1) 4–11.

Die Übersetzung der Ausschnitte aus den *Resolutiones disputationum de indulgentiarum virtute* folgt dem lateinischen Text in WA 1, (522) 525–628. Für die Erarbeitung wurden die älteren Übersetzungen konsultiert, insbesondere die Übersetzung in der Münchener Ausgabe (Martin Luther, *Ausgewählte Werke*, hrsg. von H[ans] H[einrich] Borcherdt und Georg Merz, Bd. 1, München ³1951, 142–295) dankbar benutzt.

Die Übersetzung von Johannes Tetzels *Vorlegung* folgt dem Original (München, Bayerische Staatsbibliothek; online). Für die Anmerkungen wurde die Ausgabe des frühneuhochdeutschen Textes in *Dokumente zur Causa Lutheri* (vgl. Literatur) zu Rate gezogen und z. T. korrigiert.

Luthers Rückblick auf den »Anfang des Lutherischen Lärmens« aus der Schrift *Wider Hans Worst* (1541) ist entnommen: *Luther zum Vergnügen*, hrsg. von Johannes Schilling, Stuttgart 2012, 78–83.

Nachwort

I.

Der 31. Oktober 1517 ist in das kollektive kulturelle Gedächtnis der Menschheit als der Tag von Luthers Thesenanschlag eingegangen.

An diesem Tag, »profesto omnium sanctorum«, dem Tage vor dem Allerheiligenfest, dem Titelfest der Wittenberger Stiftskirche, an diesem Tag – das ist nicht bezweifelbar – schrieb Luther einen Brief an den Erzbischof Albrecht von Mainz, seinen kirchlichen Oberherrn, dem er seine Thesen über den Ablass, die »95 Thesen«, beilegte[1]. Dieser Brief ist, abgesehen von seinen Ausführungen zur Sache des Ablasses, insofern ein einzigartiges Dokument, als Luther ihn erstmals mit seinem neuen Namen unterschrieb – der gebürtige Martin Luder war aus der Erfahrung der christlichen Freiheit (*eleutheria*) über *Martinus eleutherius* zu Martin Lu*ther* geworden.[2] Bei dieser Namensform ist er zeit seines Lebens geblieben, niemals hat er anders als so unterschrieben, nie fiel er in den Stand vor dieser Erfahrung zurück – die in Christus geschenkte Freiheit war und blieb für ihn irreversibel.

An diesem Tag – das ist in Zweifel gezogen worden – »schlug« Luther diese 95 Thesen in Wittenberg an die Tür der Schlosskirche in Wittenberg »an«. Dieser »Thesenan-

---

1 WA Br 1, 108–115, Nr. 48 (s. S. 32–39).
2 Vgl. Bernd Moeller / Karl Stackmann, *Luder, Luther, Eleutherius. Erwägungen zu Luthers Namen*, Göttingen 1981 (Nachrichten der Akademie der Wissenschaften zu Göttingen. Philosophisch-historische Klasse. 1981, Nr. 7).

schlag« ist eine Konstruktion, die vor allem in den wirkungsmächtigen Bildern des 19. Jahrhunderts vor Augen tritt – welcher Kraft aber hätte es bedurft, einen Plakatdruck an eine Holztür der Stiftskirche Allerheiligen und/oder der anderen Kirchen in Wittenberg »anzuschlagen«? Geisteskraft aber hatte es bedurft und wohl auch Mut, einen Text zu veröffentlichen, der eine Kernfrage des Verständnisses der Kirche und eine bedrängende Frage der Seelsorge anging. Insofern war Luthers »Tat« vielleicht und wahrscheinlich doch mehr als die Veröffentlichung eines akademischen Textes, von Disputationsthesen, über die man hätte reden sollen – denn eine Disputation über eben diese Thesen sollte im akademischen Kontext niemals stattfinden. Sie war durch die Ereignisse überholt worden, ungewollt vermutlich, aber unumkehrbar.

Vom Tage selbst oder dem vorangehenden oder folgenden haben wir kein urkundliches Zeugnis über diesen »Thesenanschlag«. Aber Luthers engster Mitarbeiter Georg Rörer (1492–1557) notierte, wohl im Spätherbst 1544, im Zuge der Revisionsarbeiten in einer 1540 erschienenen Ausgabe des Neuen Testaments[3]: »Anno Domini 1517 in profesto omnium Sanctorum p… [?] Witemberge in valuis templorum propositae sunt pro[positiones] de Indulgentiis, a Doctore Martino Luthero«[4] – »Im Jahr des Herrn 1517

---

3 *Das Neue Testament Deutsch*, Wittenberg 1541 (VD 16, B 4429). Exemplar der Sammlung Georg Rörer in Jena. – Die Datierung geht von der Arbeit an der Revision des Neuen Testaments aus, die in dieser Zeit erfolgte und vor dem 19. Dezember 1544 beendet war.

4 Vgl. Martin Treu, Der Thesenanschlag fand wirklich statt. Ein neuer Beleg aus der Universitätsbibliothek Jena, in: *LUTHER* 78, 2007,

am Vorabend von Allerheiligen sind in Wittenberg an den Türen der Kirchen Thesen über die Ablässe angeheftet worden, von Doktor Martin Luther.« Wahrscheinlich zeugt auch ein Exemplar des ersten Plakatdrucks dieser Thesen[5] davon, dass diese am 31. Oktober in gedruckter Form vorlagen. Denn am 11. November 1517 schickte Luther seinem Erfurter Freund und Ordensbruder Johannes Lang »Paradoxa«, also Thesen und verteidigte sich gegen mögliche Vorwürfe von Überheblichkeit und Hochmut.[6] Zehn Jahre später, am 1. November 1527, gedachte Luther in einem Brief an seinen Freund Nikolaus von Amsdorff in Magdeburg des denkwürdigen Ereignisses, als er sein Schreiben folgendermaßen beschloss: »Wittenberg, am Tag Allerheiligen, im zehnten Jahr, nachdem der Ablass zu Boden getreten ist, zu dessen Gedächtnis wir in dieser Stunde trinken, ganz und gar getröstet«.[7]

Von den Thesen gibt es weder ein Autograph Luthers

140–144, sowie ders., Urkunde und Reflexion. Wiederentdeckung eines Belegs von Luthers Thesenanschlag, in: *Luthers Thesenanschlag – Faktum oder Fiktion*, hrsg. von Joachim Ott und Martin Treu, Leipzig 2008, 59–68.

5 Der Druck wird der Werkstatt von Jakob Thanner in Leipzig zugewiesen. WA 1, 230: B. Benzing-Claus 88. Exemplare in Berlin, Geheimes Staatsarchiv – Preußischer Kulturbesitz, Breslau/ Wrocław UB, Zeitz.

6 WA Br 1, 121–123, Nr. 52.

7 WA Br 4, 274 f., Nr. 1164: »Wittembergae die Omnium Sanctorum, anno decimo Indulgentiarum conculcatarum, quarum memoria hac hora bibimus utrinque consolati« (275,25–27). Übersetzung: Martin Luther, *Ausgewählte Schriften*, hrsg. von Karin Bornkamm und Gerhard Ebeling, Bd. 6: *Briefe,* Ausw., Übers. und Erl. von Johannes Schilling, Frankfurt a. M. 1982 [u. ö.], 95 f., Nr. 55.

noch einen Wittenberger Plakatdruck. Ein solcher müsste ähnlich ausgesehen haben wie der Druck der Thesen gegen die scholastische Theologie[8], der wenige Wochen zuvor in Wittenberg hergestellt worden war. Erhalten sind dagegen ein Druck der 95 Thesen in Plakatform aus der Presse von Jakob Thanner in Leipzig[9] sowie ein Druck von Hieronymus Höltzel in Nürnberg[10]. Einen weiteren Nachdruck, nunmehr als Buch im Umfang von vier Blättern, brachte der Basler Drucker Adam Petri, ebenfalls mit der Jahresangabe »M.D.XVII.« (1517) heraus.[11]

Eine Generation später, in den Jahren 1541/42, verfasste der Gothaer Superintendent Friedrich Myconius (1490–1546) eine Geschichte der (frühen) Reformation, in der er vermerkt: »Aber ehe 14 Tag vergingen, hatten diese propositiones [Thesen] das ganze Deutschland und in vier Wochen schier die ganze Christenheit durchlaufen, als wären die Engel selbst Botenläufer [vgl. Ps 103,20] und trügen's vor aller Menschen Augen. Es glaubt kein Mensch, wie ein Gered darvon ward; wurden bald geteutscht, und gefiel dieser Handel nun jedermann sehr wohl [gut], ausgenommen den Predigermönchen und Bischof zu Halle, auch et-

---

8 Benzing-Claus **84a. Das einzige bekannte Exemplar befindet sich in der Herzog August Bibliothek in Wolfenbüttel (434.11. Theol. 2°, online).

9 Vgl. Anm. 5.

10 WA 1, 230: A. Benzing-Claus 87. Exemplare in Berlin, Staatsbibliothek zu Berlin – Preußischer Kulturbesitz, in Cologny/Genève, Bibliotheca Bodmeriana, und in London, The British Library.

11 WA 1, 230: C. Benzing-Claus 89. Von dieser Ausgabe sind mehr als zwanzig Exemplare erhalten.

lichen, die des Papsts täglich genossen und die Schätz der Erden, die er erhoben hatte weidlich [ausgiebig] gebraucheten«.[12]

Am 5. März 1518 schrieb Luther dem Nürnberger Humanisten Christoph Scheurl, es sei gar nicht in seinem Sinne gewesen, dass die Thesen derart verbreitet und sogar übersetzt worden seien; er habe sie vielmehr zunächst im kleinen Kreis diskutieren wollen – für das »Volk« sei diese komplizierte Materie nicht geeignet. Aber er wolle selbst auf Deutsch ein Büchlein über die Kraft der Ablässe verfassen, um den ohne sein Zutun umlaufenden Thesen zu begegnen – das sollte der *Sermon von Ablass und Gnade* werden.[13]

II.

Dass die Thesen innerhalb eines Monats die ganze Christenheit erreicht hätten, war nicht der Fall. Vielmehr trifft Myconius' Aussage tendenziell auf Luthers *Sermon von Ablass und Gnade*[14] zu, von dem nach dem Wittenberger

12 Friedrich Myconius, *Geschichte der Reformation*, hrsg. von Otto Clemen, Leipzig 1914; Nachdr. mit einem Nachw. von Helmut Claus, Gotha 1990, 22. – Das Autograph befindet sich in der Forschungsbibliothek Gotha, Chart. A 339; vgl. Daniel Gehrt, *Katalog der Reformationshandschriften. Aus den Sammlungen der Herzog von Sachsen-Coburg und Gotha'schen Stiftung für Kunst und Wissenschaft*, 2 Tle., Wiesbaden 2015, 635.

13 WA Br 1, 151–153, Nr. 62.

14 Benzing-Claus 90–114. – Vgl. Johannes Schilling, Ein Sermon von Ablass und Gnade (1518) – Historische und theologische Aspekte, in: Irene Dingel / Henning P. Jürgens (Hrsg.), *Meilensteine der Reformation. Schlüsseldokumente der frühen Wirksamkeit Martin Luthers*, Gütersloh 2014, 108–112, 264.

Erstdruck Ende März / Anfang April 1518 innerhalb eines guten Jahres nicht weniger als vierzehn hochdeutsche Drucke und ein niederdeutscher erschienen, in Leipzig und Nürnberg, Augsburg und Basel, der niederdeutsche in Braunschweig[15]. 1519 und 1520 erschienen weitere Ausgaben. In diesem kleinen Sermon, einer schlichten, gut fasslichen Unterweisung, legte Luther einer nicht lateinkundigen Leserschaft in zwanzig kurzen Abschnitten dar, was es seiner Ansicht nach mit Ablass und Gnade auf sich habe und warum er die päpstliche Ablasspraxis verurteilte. Mit diesem Sermon befestigte Luther seinen Anspruch und seinen Rang als Verfasser deutschsprachiger Sermone, die zur Einübung in das Christentum dienen sollten und dazu geeignet waren – wie auch ein Sermon zur Vorbereitung zum Sterben, einer über die Taufe, ein anderer über die Ehe, auch einer über das Sakrament des Abendmahls. Es waren gerade diese Sermone, die Luther zum wirkungsvollsten Autor seiner Epoche werden ließen und in denen er manches vorbereitete, was er in späteren Jahren neu formulierte, etwa seine beiden Katechismen.

III.

Diesen *Sermon* nahm der Dominikanermönch Johannes Tetzel (um 1460–1519)[16] zum Anlass für eine *Vorlegung* (›Widerlegung‹), ohne den Autor der Schrift irgendwo

15 Benzing-Claus 113. Vgl. Claudine Moulin, Ein Sermon von Ablass und Gnade (1518) – Materialität: Dynamik und Transformation, in: ebd., S. 113–119, 265 f.
16 Vgl. über ihn J. Jürgen Seidel, Tetzel, in: *Biographisch-Bibliographisches Kirchenlexikon* 11, Herzberg 1996, Sp. 725 f.

beim Namen zu nennen. Die *damnatio memoriae* dürfte freilich nicht verfangen haben; allzu bekannt war die »Luthersache«, als dass die Kundigen nicht gewusst hätten oder doch hätten wissen können, wer der Verfasser der zwanzig inkriminierten Aussagen war. Tetzel druckte in seiner Gegenschrift den vollständigen Text Luthers abschnittsweise ab, bevor er ihn Abschnitt für Abschnitt mit seinen eigenen Ausführungen widerlegte. Diese Praxis haben auch andere Gegner Luthers in den folgenden Jahren geübt und damit freiwillig-unfreiwillig zur Verbreitung von Luthers Ideen beigetragen. Auf die Zitation von dessen Ausführungen folgt, Punkt für Punkt, eine ausführliche Widerlegung, deren Schlusswendungen »Erbitte das uff erkenthnis des heyligen Bebstlichen stuls / aller cristlichen Universiteten und Doctorn« Tetzel – im Unterschied und Gegensatz zu dem ungehorsamen Ungenannten – als einen gehorsamen Sohn der Kirche erweisen.

Luther kannte die *Vorlegung* vor dem 4. Juni 1518. Denn an diesem Tag schrieb er an Spalatin: »Johann Tetzel hat gegen meinen deutschsprachigen Sermon ebenfalls ein deutschsprachiges Büchlein herausgebracht, einen bedeutenden Zeugen und Herold seiner Unwissenheit. Ich werde ihm ein Licht aufstecken, damit von allen verstanden werden kann, von welcher Sorte sein Büchlein ist, nicht, wie er es selbst gern angesehen haben möchte«,[17] und in einem Brief an seinen Freund Johann Lang in Erfurt vom selben Tage bezeichnete er Tetzels Vorlegung schlicht als »Geschwätz«[18].

17 WA Br 1, 179–181, Nr. 80, hier 180,19–23.
18 WA Br 1, 181 f., Nr. 81, hier 181,13 f.: »Edidit adversus meum vulgarem sermonem suas nugas«.

IV

Thesen bedürfen der Erklärung und Erläuterung. Die Disputation über die Ablassthesen, die in Wittenberg hätte stattfinden sollen, tatsächlich aber nicht stattfand, erbrachte auf Seiten des Verfassers der Thesen einen gewissen Ersatz in dessen *Resolutiones disputationum de indulgentiarum virtute* (»Erläuterungen der Thesen über die Kraft der Ablässe«).

Vielleicht hatte Luther bereits bei der Veröffentlichung der Thesen an eine Auslegung gedacht, die die knappen Sätze hätte erläutern sollen. Um den 13. Februar 1518 übersandte er dem für Wittenberg zuständigen Bischof von Brandenburg, Hieronymus Schultze (Scultetus), das Manuskript der *Resolutiones* zur Prüfung.[19] Er sei genötigt, »declarationes ac probationes«[20] seiner Thesen zu verfassen, um Missverständnissen zu entgehen – manches bedürfe noch der Klärung, und auf keiner These beharre er hartnäckig (also wie ein notorischer Ketzer). Alles unterwerfe er der Kirche und ihrem Urteil.[21] Am 15. Februar 1518 kündigte er jedenfalls in einem Brief an Georg Spalatin »nostrarum positionum probationes« an – Ablässe hielt er nunmehr für Täuschung der Seelen.[22] Auch am 5. März bezeichnete Luther seine geplante Schrift als Prüfsteine (»probationes«[23]) zu den Thesen – der Brandenburger Bischof hatte seinen Brief vom

---

19 WA Br 1, 135–141, Nr. 58.

20 WA Br 1, 139,50.

21 WA Br 1, 139,46–54.

22 WA Br 1, (141) 144–147, Nr. 59, hier 146,69 und 146,55 (»animarum illusionem«).

23 An Christoph Scheurl; WA Br 1, 151–153, Nr. 62, hier 152,17.

Februar bis dahin noch nicht beantwortet. Mitte April war der Text fertig. Am 30. Mai schickte er eine handschriftliche Fassung an seinen Ordensoberen Johannes von Staupitz (um 1465–1524), mit einem Widmungsschreiben an Papst Leo X. Ein paar Tage später, am 4. Juni, war die Schrift in Wittenberg in der Herstellung, am 10. Juli waren sechs von fünfzehn Bögen fertig gedruckt, aber erst am 21. August konnte Luther die ersten fertigen Exemplare versenden. Sie waren von Johannes Rhau-Grunenberg gedruckt worden, mit zahlreichen Fehlern, die in einer zweiten Ausgabe in einer Errata-Liste korrigiert wurden. Außerdem brachte der Leipziger Drucker Melchior Lotther noch im selben Jahr eine und 1519 eine weitere Ausgabe heraus. Weiteste Verbreitung aber erfuhr die Schrift durch die Aufnahme in eine Sammelausgabe von Schriften Luthers, die der Basler Buchdrucker und Verleger Johann Froben ebenfalls noch 1518 herausbrachte.[24] Damit waren Luther und diese Schrift der gelehrten Welt in Europa bekannt – auch die Reformationszeit ist in Europa noch eine Zeit des Lateinischen als *lingua franca*.

Diese lateinische Schrift richtete sich wiederum an gelehrte Adressaten. In ihr begründete Luther die einzelnen Thesen in sehr unterschiedlichem Umfang, von einem oder wenigen Sätzen bis zu langen Ausführungen, etwa zu These 58 von den Verdiensten der Heiligen und dem Verdienst Christi. Basis für seine Argumentation ist ihm stets die Heilige Schrift Alten und Neuen Testaments, dann auch Vernunftgründe. Das geistliche (kanonische) Recht wird als Argument – positiv und negativ – ebenso herangezogen wie

24 WA 1, 523 f.; Benzing-Claus 205–208.

Gestalten und Ereignisse aus der Geschichte der Kirche. Diese Geschichte bietet Exempel, denen man folgen oder die man meiden soll. Eine kurze Einleitung (Protestatio) und ein ebenso kurzes Schlusswort rahmen die Darlegungen, in denen Luther seine Position gegenüber einem gelehrten Publikum verständlich macht, in einer Mischung von Thetik und Polemik, die sich gegen alle und alles wendet, was sich zwischen Christus und die Christen stellen will.

Die *Resolutiones* sind eine Schrift von großer Bedeutung und von nicht geringem theologischem Rang. Indem der Verfasser gezwungen war, Rechenschaft über seine Thesen abzulegen, sie zu begründen und argumentativ zu entfalten, gelang ihm eine Bündelung und Vertiefung seiner Argumente – auch wenn er sich noch dem Urteil des Papstes unterwarf. Man möchte diese *Resolutiones* beinahe als eine »Hauptschrift« Luthers vor den entsprechenden Hauptschriften des Jahres 1520 bezeichnen. In seinem Widmungsbrief an Staupitz betonte Luther, er habe, auch aus den Gesprächen mit ihm, ein neues Verständnis der Buße gewonnen, der *meta-noia*, die eben nicht im Tun (*paenitentiam agere*), sondern im Wandel der Herzensregung, des *affectus*, liege.[25]

V.

Worum eigentlich ging es im Ablassstreit? Was war der Ablass? Warum bekämpfte Luther ihn? Und ging es um mehr als einen Missbrauch?

25 Text: WA 1, (522) 525–527; LDStA 2, (17) 18–23.

Der Ablass[26] gehört in die Geschichte und Praxis des kirchlichen Bußwesens. Zur Tilgung von Sünden wurden von den kirchlichen Amtsträgern Bußleistungen auferlegt, die aber auch umgewandelt oder erlassen werden konnten. Voraussetzung war der Rückgang der einst öffentlichen Kirchenbuße zugunsten der privaten Buße seit dem 8. Jahrhundert. In der Beichte bekannten die reuigen Sünder vor dem Priester ihre Schuld. Auf die Zerknirschung des Herzens (*contritio cordis*) folgte das Bekenntnis der Schuld (*confessio oris*). Nach der Freisprechung von den Sünden (*absolutio*) durch den Priester wurde den Gläubigen eine Bußleistung (*satisfactio*) auferlegt, die in einem berechenbaren Verhältnis zu der begangenen Sünde stand. Die christliche Buße erfuhr damit eine fundamentale Wandlung: Anstelle der Sinnesänderung und Umkehr zu Gott, wie sie nach der ersten Verkündigung Jesu lautete: Tut Buße, denn das Himmelreich ist nahe herbeigekommen (Mk 1,15; Mt 4,17), trat nunmehr eine von der Kirche auferlegte und von den Menschen zu erbringende Bußleistung nach Tarifen.

Durch die Absolution wurde dem Sünder die göttliche Vergebung und damit der Erlass der ewigen (Höllen-)Strafen zuteil, nicht aber der Nachlass der von der Kirche auferlegten zeitlichen Sündenstrafen. Damit blieben die Gläubigen in Ungewissheit darüber, welche Schuld noch immer auf ihnen lastete und ob und wie sie sich (gänzlich) von dieser Schuld befreien könnten.

Auf der Grundlage von veränderten Bußleistungen

26 Gustav Adolf Benrath, Ablaß, in: *Theologische Realenzyklopädie* 1, 1977, S. 347–364.

(Redemptionen) wurden seit dem 11. Jahrhundert von Päpsten und Bischöfen erste Ablässe erteilt. Sie entlasteten von den zeitlichen Sündenstrafen, etwa im Umfang von einhundert Tagen als Kompensation für eine Bußleistung, oder dienten dazu, die nicht berechenbare, ungewisse Gesamtdauer der Fegefeuerstrafe um hundert Tage zu verkürzen. Freilich sollten sie nur bei entsprechender Bußgesinnung der Empfänger wirksam werden.

Eine entscheidende Veränderung nahm das Ablassinstitut und die Ablasspraxis mit der Verleihung von »vollkommenen« Ablässen (*indulgentia plenaria*), mit denen die Vergebung aller Sünden verbunden war und auch der Erlass der mit ihnen zusammenhängenden Sündenstrafen. Ein solcher Ablass wurde erstmals 1095 von Papst Urban II. (1088–99) für die Teilnahme am Kreuzzug erteilt. Lehrmäßig entfaltete Thomas von Aquin (1225–1274) eine Ablasstheorie, nach der der Papst in seiner Vollmacht Ablässe erteilen kann, und zwar aus dem Schatz der Kirche (*thesaurus ecclesiae*), in dem die überschüssigen Verdienste Christi und der Heiligen gesammelt sind und aus dem der Papst als Haupt der Kirche austeilen kann, wie und an wen er will, etwa auch an Verstorbene im Fegefeuer.

Von der Erteilung der Ablässe wurde, vor allem seit einem Jubiläumsablass des Jahres 1300, nun immer häufiger und extensiver Gebrauch gemacht; die frühere Unterscheidung zwischen *poena* und *culpa* – Vergebung der Sünden und Erlass der Sündenstrafen – wurde undeutlich, ja, am Ende hinfällig. 1343 machte Clemens VI. (1342–52 Avignon) die Theorie vom *thesaurus ecclesiae* zur offiziellen kirchlichen Lehre.[27] Gläubige und Sterbende konnten sich nun-

27 Bulle *Unigenitus*, 27. Januar 1343; DH 1025–1027.

mehr frei von Sünden und Sündenschuld wähnen, wenn sie einen Plenarablass für sich oder auch für Verstorbene erworben hatten.

Zwar gab es immer wieder teils kräftige Einsprüche gegen Theorie und Praxis des Ablasses, von einzelnen Theologen oder von Gruppen, so auch von John Wyclif (um 1320/30–1384) in seiner Schrift *De ecclesia* (1378) und von Jan Hus und den Hussiten in den *Prager Artikeln* (1420) oder von dem Wormser Domprediger Johannes Rucherat von Wesel (1425–1481),[28] der die Ablässe für *pi[a]e fraudes fidelium*, für frommen Betrug an den Gläubigen, hielt. Auch aus den Kreisen der Mystiker und der Devotio moderna erhob sich Widerspruch.

Für die römische Kirche und ihre Institutionen bedeutete der Ablass eine erhebliche und sichere Finanzquelle. 1515 übernahm Albrecht von Brandenburg (1490–1545), Erzbischof von Magdeburg und Administrator des Bistums Halberstadt, die Zuständigkeit für die Ablasspredigten zugunsten des Neubaus von St. Peter in Rom. Damit kam er in die Lage, seine Schulden bei der Kurie und bei den Fuggern zu begleichen, die ihm aufgrund der gegen die Bestimmungen des kanonischen Rechts verliehenen Ämter und Pfründen entstanden waren. Unter den in seinem Auftrag und Dienst stehenden Ablasspredigern war der Dominikaner Johannes Tetzel (gest. 1519) besonders unterneh-

---

28 Gustav Adolf Benrath, Johannes Rucherat von Wesel, in: *Theologische Realenzyklopädie* 17, 1988, 150–153, Zitat 152,13; Wolfgang Dobras, Der Kirchenkritiker. Dompfarrer Johann Rucherat von Wesel (um 1420 – um 1480), in: *Schrei nach Gerechtigkeit. Leben am Mittelrhein am Vorabend der Reformation*, hrsg. von Winfried Wilhelmy, Regensburg 2015, 132–135.

mend, und auch Wittenberger Gläubige hatten Ablassbriefe bei ihm gekauft.

Gegen diese Praxis wandte sich Luther in Predigten, und nun eben auch in den Thesen und in seinem Brief an Albrecht, der an Klarheit nichts zu wünschen übrig lässt. Es geht ihm dabei zentral um eine seelsorgerliche Frage. Denn eines konnte diese Art der Buße und der Ablass nicht gewähren: Gewissheit des Glaubens. Darauf aber und darauf vor allem kam es Luther an.

VI.

Luthers Thesen erfuhren sogleich kräftigen Widerspruch. Verteidigt wurde die kirchliche Lehre und Praxis von Johannes Tetzel, Johannes Eck (1486–1543), dem Dominikaner Silvester Prierias (1456–1523) und dem Ordensgeneral der Dominikaner Tommaso de Vio Cajetan (1469–1534) – sie setzten entweder den Bußruf Jesu (Mt 4,17) mit der kirchlichen Bußlehre in eins oder verteidigten die Lehre vom *thesaurus ecclesiae*, die die römische Kirche im November 1518 bekräftigte, wobei sie allen von dieser Lehre Abweichenden die Exkommunikation androhte.[29]

Offensichtlich hatten die kirchliche Hierarchie, die römische Kurie und die ihre Lehre verteidigenden Theologen doch den Eindruck, dass es sich bei der Auseinandersetzung mit dem Wittenberger Theologieprofessor um etwas anderes und um mehr handelte als nur um »Mönchsgezänk«. Es folgte ein förmliches Rechtsverfahren gegen den Wittenberger Professor, der »Römische Prozess«, der in der

29 Dekret *Cum postquam* 9. November 1518; DH 1447–1449.

Androhung des Bannes in der päpstlichen Bulle *Exsurge, Domine* vom 15. Juni 1520[30] und schließlich in der Bannbulle *Decet Romanum pontificem* vom 3. Januar 1521 endete. Damit war Martin Luther aus der Heilsgemeinschaft der Kirche ausgeschlossen.

VII.

Im Jahr 1617 wurde das erste Reformationsjubiläum gefeiert. Der »Thesenanschlag« ist zum Initial für einen Ereigniszusammenhang geworden, der Kirche und Gesellschaft im Heiligen Römischen Reich, in Europa, ja, in der ganzen Welt nachhaltig verändern sollte. Aus einer geplanten Disputation über eine seelsorgerliche Frage, in der das Potential steckte, die Kirche in ihrer bestehenden Struktur und in ihren Lebensäußerungen in Frage zu stellen, erwuchs eine Bewegung, die anfangs noch von Luther selbst bestimmt wurde, sich aber bald über seine Person hinaus zu einer Veränderung in Kirche und Reich und in der Folgezeit in allen Lebensbereichen entwickeln sollte.

Dieses Ereigniszusammenhangs wurde auch in den folgenden Jahrhunderten immer wieder und immer neu gedacht – die Reformationsjubiläen entwickelten eine je eigene Dynamik, die mit dem Anfangsgeschehen, dem Ruf zur Buße und zur Erneuerung der Kirche, nicht immer und manchmal gar nicht mehr in Zusammenhang gebracht werden konnte. Luther war es um das Verständnis des Evangeliums gegangen. Zentral ist die These 62: Der wahre Schatz der Kirche ist das Evangelium von der Herrlichkeit

30 DH 1451–1492.

Christi. Wie auch immer er diesen Satz 1517 verstanden haben mag – aus ihm ging ein neues Verständnis des Christentums hervor, das der ungewollt berühmt Gewordene in den folgenden Jahren ausführte – in deutschsprachigen Sermonen wie dem von Ablass und Gnade, in programmatischen Schriften, insbesondere im Jahr 1520, vor allem in der Schrift *Von der Freiheit eines Christenmenschen*, und in seiner Übersetzung der Heiligen Schrift in die deutsche Sprache. Reformation – das war die Wiederentdeckung des Evangeliums.

Dass dieser Prozess mit dem 31. Oktober 1517 für Luther persönlich einen Anfang nahm, wird man wohl sagen dürfen. Und die Nachwelt ist ihm, je und je auf ihre Weise, seit Jahrhunderten darin gefolgt.

Johannes Schilling

Für tatkräftige, freundliche und aufmunternde Hilfe bei der Fertigstellung des Manuskripts und bei den Korrekturen danke ich meiner Mitarbeiterin Brinja Bauer.

Literaturverzeichnis

Bibliographien

Benzing-Claus Josef Benzing / Helmut Claus: Lutherbibliographie. Verzeichnis der gedruckten Schriften Martin Luthers bis zu dessen Tod. 2. Aufl. Bd. 1. Baden-Baden 1989. Bd. 2. Mit Anhang: Bibel und Bibelteile in Luthers Übersetzung 1522–1546. Baden-Baden 1994.

VD 16 Verzeichnis der im deutschen Sprachbereich erschienenen Drucke des XVI. Jahrhunderts. VD 16. Hrsg. von der Bayerischen Staatsbibliothek in München in Verbindung mit der Herzog-August-Bibliothek in Wolfenbüttel. Red.: Irmgard Bezzel. Stuttgart 1983–2000. [Auch online.]

Texte

DDStA Martin Luther: Deutsch-deutsche Studienausgabe. Hrsg. von Johannes Schilling mit Albrecht Beutel, Dietrich Korsch, Notger Slenczka und Hellmut Zschoch. Bd. 1–3. Leipzig 2012, 2015, 2016.

LDStA Martin Luther: Lateinisch-Deutsche Studienausgabe. Hrsg. von Wilfried Härle, Johannes Schilling und Günther Wartenberg unter Mitarb. von Michael Beyer. Bd. 1–3. Leipzig 2006–2008.

WA D. Martin Luthers Werke. Kritische Gesamtausgabe. [Weimarer Ausgabe.] Weimar 1883–2000. – Nachdr. 2003–2007. – Register 1993–2009.

WA Br D. Martin Luthers Werke. Kritische Gesamtausgabe. Briefwechsel. [Weimarer Ausgabe.] Weimar 1930–1985. – Nachdr. 2002.

DH Heinrich Denzinger: Kompendium der Glaubensbekenntnisse und kirchlichen Lehrentscheidungen. Verb., erw., ins Deutsche übertr. und unter Mitarb. von Helmut Hoping hrsg. von Peter Hünermann. Freiburg i. Br. [u. a.] [37]1991. [44]2014.

Dokumente zum Ablassstreit von 1517. Hrsg. von Walther Köhler. 2., verb. Aufl. Tübingen 1934.

Dokumente zur Causa Lutheri (1517–1521) 1. Teil: Das Gutachten des Prierias und weitere Schriften gegen Luthers Ablaßthesen (1517–1518). Hrsg. und komm. von Peter Fabisch und Erwin Iserloh. Münster 1988. (Corpus Catholicorum. 41.)

Luthers 95 Thesen samt seinen Resolutionen sowie den Gegenschriften von Wimpina-Tetzel, Eck und Prierias und den Antworten Luthers darauf. Kritische Ausgabe mit kurzen Erläuterungen von W.[alther] Köhler. Leipzig 1903.

PL   Patrologia cursus completus [...] omnium SS. patrum, doctorum scriptorumque ecclesiasticorum sive Latinorum, sive Graecorum. Series Latina. Hrsg. von Jacques Paul Migne. Paris 1844 ff.

Literatur

Bayer, Oswald: Martin Luthers Theologie. Eine Vergegenwärtigung. Tübingen ²2004.

Brecht, Martin: Martin Luther. Sein Weg zur Reformation. Stuttgart 1981. ³1983. Sonderausg. 2013.

Kaufmann, Thomas: Geschichte der Reformation. Frankfurt a. M. 2009. Nachdr. 2010.

Korsch, Dietrich: Martin Luther. Eine Einführung. Tübingen ²2007.

Leppin, Volker: Martin Luther. Darmstadt ²2010.

Lohse, Bernhard: Luthers Theologie in ihrer historischen Entwicklung und in ihrem systematischen Zusammenhang. Göttingen 1995.

Luther Handbuch. Hrsg. von Albrecht Beutel. Tübingen 2005. ²2010.

Schilling, Heinz: Martin Luther. Rebell in einer Zeit des Umbruchs. München ³2014.

Schwarz, Reinhard: Luther. Göttingen ³2004.

– Martin Luther. Lehrer der christlichen Religion. Tübingen 2015.

Barth, Ulrich: Die Geburt religiöser Autonomie. Martin Luthers
    Ablaßthesen von 1517. In: Arnulf von Scheliha / Markus Schröder
    (Hrsg.): Das protestantische Prinzip. Historische und systemati-
    sche Studien zum Protestantismusbegriff. Stuttgart 1998. 3–37.
Brandt, Reinhard: Lasst ab vom Ablass. Ein evangelisches Plädoyer.
    Göttingen 2008.
Brecht, Martin: Luthers neues Verständnis der Buße und die refor-
    matorische Entdeckung. In: Zeitschrift für Theologie und Kirche
    101 (2004). 281–291.
Dingel, Irene / Jürgens, Henning P. (Hg.): Meilensteine der Refor-
    mation. Schlüsseldokumente der frühen Wirksamkeit Martin
    Luthers. Gütersloh 2014.
Hamm, Berndt: Ablass und Reformation. Erstaunliche Kohärenzen.
    Tübingen 2016.
Leppin, Volker: »Omnem vitam fidelium penitentiam esse voluit« –
    Zur Aufnahme mystischer Traditionen in Luthers erster Ablass-
    these. In: Archiv für Reformationsgeschichte 93 (2002). 7–25.
Luthers Thesenanschlag – Faktum oder Fiktion. Hrsg. von Joachim
    Ott und Martin Treu. Leipzig 2008.
Moeller, Bernd: Die letzten Ablaßkampagnen. Der Widerspruch Lu-
    thers gegen den Ablaß in seinem geschichtlichen Zusammenhang.
    In: B. M.: Die Reformation und das Mittelalter. Kirchenhistorische
    Aufsätze. Hrsg. von Johannes Schilling. Göttingen 1991. 53–72.
– Thesenanschläge. In: Luthers Thesenanschlag – Faktum oder Fik-
    tion. Hrsg von Joachim Ott und Martin Treu. Leipzig 2008. 9–32.
– / Stackmann, Karl: Luder – Luther – Eleutherius. Erwägungen zu
    Luthers Namen. Göttingen 1981.
Paulus, Nikolaus: Geschichte des Ablasses im Mittelalter. 3 Bde. Pa-
    derborn 1922–23. – 2., um eine Einl. und eine Bibliogr. erw. Aufl.
    Darmstadt 2000.
Schilling, Johannes: Ein Sermon von Anlass und Gnade (1518) –
    Historische und theologische Aspekte. In: Irene Dingel / Henning
    P. Jürgens (Hg.): Meilensteine der Reformation. Schlüsseldoku-
    mente der frühen Wirksamkeit Martin Luthers. Gütersloh 2014.
    108–112. 264.

Schwarz, Reinhard: Brief an Albrecht von Mainz. In: LUTHER 61 (1990). 109–121.

Treu, Martin: Der Thesenanschlag fand wirklich statt. Ein neuer Beleg aus der Universitätsbibliothek Jena. In: LUTHER 78 (2007). 140–144.

– Urkunde und Reflexion. Wiederentdeckung eines Belegs für Luthers Thesenanschlag. In: Luthers Thesenanschlag – Faktum oder Fiktion. Hrsg. von Joachim Ott und Martin Treu. Leipzig 2008. 59–68.

Volz, Hans: Martin Luthers Thesenanschlag und dessen Vorgeschichte. Weimar 1959.

Die übrige Literatur findet sich in den Anmerkungen vollständig zitiert.